Raphaël Homat
PRÉPARATEUR MENTAL

8 CLÉS POUR GÉRER SON STRESS COMME LES CHAMPIONS

LEDUC

Leduc s'engage pour une fabrication écoresponsable !
« Des livres pour mieux vivre », c'est la devise de notre maison.
Et vivre mieux, c'est vivre en impactant positivement le monde qui nous entoure ! C'est pourquoi nous avons fait le choix de l'écoresponsabilité.
Pour en savoir plus, rendez-vous sur notre site.

Édition : Emilie Choupin
Relecture : Christine Cameau
Maquette : Patrick Leleux PAO
Design de couverture : Caroline Gioux
Photographie de couverture : Betül Balkan

10, place des Cinq-Martyrs-du-Lycée-Buffon
75015 Paris – France
ISBN : 979-10-285-2569-9

Sommaire

Avant-propos

Mardi 16 novembre 2021, 15 h 05

Voici deux jours que je suis à Angoulême.

J'y enseigne, à une vingtaine d'étudiants, les premiers cours du diplôme universitaire de préparation mentale intégrée.

Ces moments sont des privilèges : enseigner, partager sa passion.

En attendant que la connexion, assurée par une intervenante à distance, soit effective pour le prochain cours, je propose aux étudiants qui le souhaitent un temps de questions-réponses.

Une main se lève au fond de la salle, celle d'Olivier Magne, 89 sélections en équipe de France de rugby, aussi doué sur le terrain qu'humble en dehors. La première question pose le cadre :

« Peux-tu partager avec nous, Raphaël, les raisons personnelles qui t'ont amené à faire ce métier ? »

Nous venons d'avoir un cours sur la méthodologie de la préparation mentale et la posture du préparateur mental. Nous avons débattu sur le fait que certains professionnels évoquent durant leur séance des éléments de leur vie personnelle.

En entendant la question d'Olivier, je ne peux m'empêcher de sourire tout en disant : « Je vais être obligé de vous parler un peu de moi ! »

Trois raisons font qu'aujourd'hui je fais ce métier qui me passionne.

– Ma pratique sportive, adolescent.

Mes plus mauvais souvenirs d'enfance concernent le tennis. J'ai eu une enfance heureuse, ne manquant de rien et avec des parents qui ne m'ont jamais poussé à obtenir de bons résultats sportifs. Pour autant, je me mettais une énorme pression lors des matchs de compétition. Cela se traduisait par un jeu saccadé, « petit bras », un corps tendu, des propos très durs vis-à-vis de moi et, très rarement, une raquette cassée. Je n'étais tout simplement pas capable de supporter la pression que je m'infligeais. Une voix me disait fréquemment : *« Qu'est-ce que tu fais là ? Il n'est plus qu'à deux jeux de te battre ! »* ou encore : *« Gagne encore un jeu et tu passes au tour suivant. »* Cela me handicapait, réduisait mes possibilités de performance et confirmait, une fois le match perdu, mes pensées et mes propos parfois dévalorisants. Selon le contexte et l'histoire que je me racontais, la même activité, en l'occurrence le tennis, était un fabuleux moment avec les copains ou des instants de tension intense en compétition.

Ce manque de « mental » a suscité chez moi une curiosité, une appétence, quelques années plus tard, lorsque j'ai découvert cette discipline à l'université, pour la préparation mentale. J'ai alors compris que le stress ressenti dans ces moments-là n'était pas une fatalité.

– L'empathie avec les athlètes de haut niveau.

La deuxième raison découle directement de la première. Ayant ressenti dans mon esprit et dans ma chair les méfaits du stress dès l'adolescence, et découvert la préparation mentale quelques années plus tard, j'ai eu envie d'être utile en accompagnant d'autres athlètes dans leur quête. C'était une telle joie d'apprendre qu'il était possible de travailler sur « son stress », ses croyances limitantes, sa confiance… Je dis parfois que j'aide des personnes ordinaires à atteindre des objectifs extraordinaires, à devenir des champions. Être préparateur mental me permet de contribuer, modestement, au bien-être et à la performance des personnes que j'accompagne. Étudiant en STAPS (Sciences et techniques des activités physiques et sportives), j'ai pu me questionner sur la place donnée aux sportifs professionnels dans notre société, vus parfois encore comme des demi-dieux. Comment se montrer vulnérable alors que l'on est censés être *mens sana in corpore sano* ? Comment se plaindre alors que l'on est souvent perçus comme des privilégiés ? Aujourd'hui encore, même si la parole se libère, nous voyons comme il est difficile pour des sportives et des sportifs de haut niveau d'exprimer une faiblesse, une difficulté, voire un mal-être, dans une société où leurs faits et gestes sont disséqués, commentés à maintes reprises. J'ai eu envie d'être utile à ces « gens-là » comme disait Brel.

– Nous sommes tous des athlètes.

Bien sûr, j'adore mon métier ! Je suis ravi de pouvoir accompagner des sportifs dans leurs projets ambitieux.

Quand on m'a enseigné la préparation mentale à l'université, il y a maintenant plus de dix ans, il n'était question que d'une application dans le champ sportif. Dans le même temps, j'enseignais l'EPS dans une école d'ingénieurs en horticulture et paysage. Après ma formation en préparation mentale, j'ai mis en place des cours facultatifs d'une vingtaine d'heures sur la gestion du stress. Ils furent complets dès la première année. Plus tard, des enseignants et des personnels de l'administration vinrent me voir en me disant : « Tu ne pourrais pas proposer des cours aussi pour nous ? »

C'est ainsi que naquit « la Semaine du bien-être », ouverte aux étudiants et aux adultes. À chaque rentrée scolaire étaient proposées des interventions sur la gestion du stress, la visualisation, la relaxation Chaque année, les sessions étaient complètes. Cela montrait un attrait pour cette discipline.

Plus tard, je fis mes premiers accompagnements auprès d'entrepreneurs ou de salariés. J'échangeais de plus en plus avec des « professionnels » et l'intérêt se confirmait, s'intensifiant même avec la pandémie.

Là, un comptable m'expliquait qu'il faisait des crises d'urticaire à force d'accompagner et de soutenir des entrepreneurs au bout du rouleau. Ici, un notaire me disait : « Il serait bien de vous faire intervenir dans notre étude, les collaborateurs sont usés à force de gérer principalement des divorces et des successions ces temps-ci. » Ou encore cette entreprise me demandait de préparer pendant deux jours ses salariés au procès intenté par un ancien client : « Nous ne sommes pas habitués à ce genre de situation et cela génère un stress supplémentaire. »

C'est avec soulagement que les participants découvraient les outils leur donnant accès à une meilleure confiance en eux, un meilleur contrôle émotionnel, etc. Nous restions néanmoins toujours dans la sphère publique, qu'elle soit sportive, scolaire ou entrepreneuriale. Je voyais l'utilité de la préparation mentale dans ma vie quotidienne et familiale mais pas dans celle des autres. En tant que papa, j'étais heureux de faire un peu de visualisation avec mon fils aîné lorsque celui-ci avait mal au ventre et de constater que sa perception de la douleur s'estompait. Nous avions également fait quelques séances, ma compagne et moi, lorsqu'elle préparait l'agrégation et que cela générait du stress. Nous associions des outils de visualisation, respiration, activation et confiance.

TOUT A CHANGÉ DEPUIS

Puis, à l'été 2016, nous avons été « famille vacances » pour le Secours populaire. Deux années de suite, cela a été l'occasion pour nous d'accueillir pendant quelques jours un enfant qui ne partait pas en vacances. Ce furent des moments merveilleux et profitables pour l'enfant accueilli, nos enfants et nous. Cela faisait bouger nos lignes. C'était une ouverture à l'autre, à l'échange, avec beaucoup de moments de joie. J'eus l'impression de prendre un uppercut lorsque l'une d'entre eux nous raconta un jour ce qu'il se passait chez elle lorsque sa maman se mettait en colère, pour des broutilles semblait-il. Je crois que c'était la première fois que j'étais confronté si intimement à la maltraitance d'enfants.

Le deuxième uppercut est arrivé quelque temps après le confinement avec les premières études montrant l'impact de celui-ci sur l'augmentation des violences domestiques.

Ces deux faits, l'un proche, incarné par cette petite fille que nous avions accueillie plusieurs fois chez nous, et l'autre, distant, entendu, analysé à maintes reprises dans les médias, ont développé chez moi une nouvelle approche de la préparation mentale. Alors que je n'envisageais initialement mon métier que dans la sphère professionnelle des personnes avec lesquelles je collaborais, la volonté de contribuer, modestement, à un mieux-être personnel a émergé. Ma réflexion vis-à-vis de la préparation mentale et des préparateurs mentaux est à présent celle-ci : si nous accompagnons des managers, des entrepreneurs, des sportifs, des étudiants pour atteindre leurs objectifs, nous aidons également le parent, le voisin, le conjoint, l'enfant, à mieux gérer ses émotions, sa confiance, son stress lorsqu'il est dans sa sphère privée.

Cela a eu pour effet, entre autres, de développer chez moi une nouvelle volonté en lien avec la préparation mentale : aider quotidiennement les autres, dans les sphères publiques comme privées dans leurs rôles de parents, enfants, salariés, entrepreneurs, sportifs, enseignants, concubins, soignants Si la préparation mentale peut aider des personnes à mieux gérer leurs émotions, leur confiance, leur estime, leur stress, c'est gagné ! C'est ainsi qu'est né *Le Smoothie*[1], un podcast hebdomadaire dans lequel je parle, parfois avec un invité, de préparation mentale. J'aime me dire que cela peut aider une personne à prendre un peu de recul sur ce qu'elle vit

1. https://smartlinks.audiomeans.fr/l/le-smoothie-80d3514fb972

et à agir différemment, à intégrer dans son smoothie de la performance[2] ou du bien-être de nouveaux ingrédients.

Il y a quelques mois, toujours pendant le premier confinement, j'avais partagé sur les réseaux sociaux une image de moi tiraillé par mes trois enfants, mais souriant tout de même. En dessous, le texte suivant : « Quand j'étais jeune et rêveur, j'étais convaincu que la préparation mentale allait me permettre de collaborer avec de grands champions ! En fait, elle me permet surtout de supporter mes trois enfants pendant le confinement ! »

C'est l'un des posts qui a suscité le plus de réactions à mon petit niveau. Je crois que la préparation mentale doit s'inviter de plus en plus dans nos foyers. C'est ce qui a motivé l'écriture de ce livre.

POUR ALLER PLUS LOIN

2. Cela peut-être une performance scolaire, personnelle, entrepreneuriale, sportive, artistique.

Quelques définitions…

MAIS AU FAIT : QU'EST-CE QUE LA PRÉPARATION MENTALE ?

Voici ma définition : la préparation mentale est le recours à un ensemble d'outils mentaux, cognitifs, émotionnels et somatiques visant à permettre à un individu ou un collectif, d'améliorer ses performances et son bien-être dans des domaines variés.

Elle s'appuie sur des outils comme la visualisation, la pleine conscience, la fixation d'objectifs, le contrôle respiratoire… nous aurons l'occasion d'y revenir.

Certes, elle s'est beaucoup développée d'abord dans le milieu sportif et militaire. À l'époque, lorsque je disais que j'étais préparateur mental et que je travaillais notamment avec des footballeurs professionnels, on me répondait souvent : « Ils en ont bien besoin ! » Sous-entendu : « C'est très bien pour cette population. Moi, je n'en ai pas d'utilité. » Aujourd'hui, la préparation mentale est de plus en plus admise dans de nombreuses sphères. D'ailleurs, lorsque je dois présenter mon activité à de nouvelles personnes, le discours n'est plus du tout le même. J'entends régulièrement : « J'en aurais bien besoin » ou encore : « C'est exactement ce qu'il faudrait à ma femme/mon mari/mon patron/mon voisin/mon enfant. » J'observe une considération plus importante, dans toutes les sphères de la société pour les compétences que la préparation mentale permet de développer. Elle n'est plus réservée à une élite sportive. Et c'est tant mieux ! La préparation mentale est aussi utile à un entrepreneur, un étudiant, un urgentiste, un parent qu'à un sportif de haut niveau. Vous allez vous en rendre compte tout de suite.

J'ai par exemple eu le plaisir de collaborer il y a quelque temps, lors d'un atelier, avec une société qui aide ses clients à trouver l'âme sœur. Je n'aurais jamais cru être sollicité pour ce type de demande. Pourtant, cela a été plaisant et pertinent. Nous avons ainsi réfléchi sur des notions d'estime de soi, de confiance en soi, de gestion du stress, de l'anxiété… Les personnes présentes ont aimé travailler sur ces thèmes et surtout sur elles !

Cela m'a fait penser à une réplique de Younès Boucif dans *Drôle*, la série de l'excellente Fanny Herrero[1] : *« Plus une fille me plaît, plus je suis timide avec elle. Ça n'aide*

---

1. OK, je l'avoue, je suis fan de ses deux séries *Dix pour cent* et *Drôle* qui montrent bien l'importance des habiletés mentales telles que la confiance, la gestion du stress, le contrôle émotionnel.

pas, parce que moi, si vous voulez, mes moyens c'est : ma tchatche, mon humour, ma repartie. Quand la peur m'enlève ces moyens, que me reste-t-il ? » Je suis tellement d'accord avec lui. Contrairement à un sportif de haut niveau, notre corps n'est pas toujours là pour nous « rattraper ».

Quand je vous dis que les domaines sont variés !

Je vous propose de vous montrer que la préparation mentale, loin d'être réservée aux champions, est votre alliée au quotidien.

FERNAND

Tout le monde connaît le stress, mais connaissez-vous Fernand ?

Peut-être avez-vous vous aussi votre Fernand personnel ?

Je vois mon stress comme un ami, un vieil oncle ou un grand-père protecteur. Appelons-le Fernand. Fernand veut mon bien, cependant, il peut devenir oppressant, têtu, vieux jeu, étouffant, s'invitant chez nous sans sonner à des heures parfois inappropriées où même le pipiri[2] chantant dort. Pourtant, il ne veut que nous préserver, nous protéger.

Est-il de vos amis ? Je pense que oui car il est très sociable et populaire Selon une étude de 2017 menée par OpinionWay, 9 Français sur 10 se disent stressés. Ce chiffre a-t-il baissé selon vous dernièrement ? À en croire différentes

2. Oiseau des Antilles qui chante au lever du jour.

études nationales et internationales[3], non. Dans cette période fortement imprévisible, où le sentiment de contrôle est minime, Fernand se fait de plus en plus entendre. Par exemple, ces derniers mois, lorsque je mettais en place des séminaires de formation pour de futurs préparateurs mentaux ou des entrepreneurs en activité, souvent Fernand venait me chuchoter à l'oreille : « *T'es sûr de toi ? Tout peut être annulé à la dernière minute ! Et si les gens ne viennent pas car ils ont peur d'être contaminés ?!* »

Ne comptez pas sur moi pour vous proposer une énième méthode antistress. Il ne vous viendrait sans doute pas à l'idée de rayer de votre vie un ami, un vieux parent. Contentons-nous d'apprendre à le raisonner, à prendre parfois nos distances avec lui quand ses propos nous semblent absurdes, à le remettre à sa place comme un ami envahissant.

Le stress est défini par Hans Selye[4] comme « *l'ensemble des moyens physiologiques et psychologiques mis en œuvre par une personne pour s'adapter à un événement* ».

Notre ami Fernand ne semble donc pas être une mauvaise fréquentation. Il nous informe de la nécessité d'être vigilant dans telle ou telle situation, nous permettant ainsi d'être parés, sur le qui-vive.

---

3. Vigo D., *et al.*, « Mental Health of Communities During the COVID-19 Pandemic », *The Canadian Journal of Psychiatry*, 2020. Ils montrent que connaître un proche atteint de la Covid-19 a augmenté les syndromes anxieux. ;
Xiong J., *et al.*, « Impact of COVID-19 Pandemic on Mental Health in the General Population: A Systematic Review », *Journal of Affective Disorders*, 2020. La Covid-19, augmente la probabilité de voir sa santé mentale se dégrader : davantage de stress, d'anxiété ou de troubles du sommeil.
4. Hans Selye, *Le Stress de la vie* (*The Stress of Life*, 1956), Gallimard, 1962.

D'ailleurs, c'est parce que nos ancêtres ont eu un Fernand protecteur il y a plusieurs dizaines de milliers d'années que vous pouvez lire ces lignes aujourd'hui, je l'espère dans un cadre sécurisé. Il y avait à l'époque un enjeu vital à être stressé aux moments opportuns à bien *« s'adapter à un événement »*. Cela permettait d'agir parfois rapidement, d'être vigilant et... de rester en vie. Le corps est alors prêt au combat, à la fuite, voire à l'inhibition si les deux premières stratégies ne semblent pas ou plus adaptées : le rythme cardiaque s'accélère, les bronches se dilatent, les muscles lisses sont moins irrigués (ce qui peut favoriser le mouvement, mais crée des troubles digestifs).

Aujourd'hui, l'enjeu n'est heureusement plus vital (dans des conditions de vie occidentales normales). Pour autant, notre cerveau et notre corps semblent réagir de la même manière devant un lion sauvage qui voudrait faire de nous son repas, un auditoire qui attend tranquillement notre prise de parole, ou une file trop longue à la caisse alors que nous sommes attendus (peut-être pour une prise de parole, qui plus est même devant un auditoire tranquille). Fernand semble s'inquiéter sans discernement que notre vie soit en jeu ou qu'il s'agisse d'un simple premier rendez-vous amoureux.

Les occasions d'être stressé ou anxieux (anticiper un problème à venir ou ruminer un problème passé qui pourrait revenir) ne manquent pas. Contexte économique, sanitaire, médiatique, exposition accrue aux écrans... tout cela peut nous tendre de manière chronique et notre corps nous le fait savoir par, notamment, une baisse du système immunitaire ; normal, ça fatigue d'être constamment hypervigilant ! Ce qui provoque davantage de maladies infectieuses, une hausse de la pression artérielle, une modification de notre humeur, une augmentation du risque d'infarctus…

Bref, Fernand est certes un ami qui nous veut du bien, mais il est important de savoir parfois le rassurer et le raccompagner à la porte afin qu'il nous laisse tranquille et qu'on récupère un peu d'énergie. Sans cela, nous ne sommes plus capables de faire face, de nuancer, de relativiser et sommes alors constamment « tendus comme un string[5] ».

Votre balançoire fonctionne-t-elle encore ?

Il est tout à fait possible de comparer notre organisme à ce jeu enfantin que l'on trouve souvent dans les squares ou les jardins : la balançoire.

J'utilise très souvent cette métaphore auprès des sportifs et entrepreneurs. En effet, la raison pour laquelle ils entament un travail en préparation mentale est souvent qu'ils veulent « plus ». Plus de contrats, plus d'efficacité, plus de buts marqués, plus de clients, plus de records c'est comme si leur balançoire devait monter de plus en plus haut sur la gauche (voir le schéma plus loin) sans pour autant prendre de l'élan. Pourtant, *« pour aller de l'avant, il faut prendre du recul, car prendre du recul, c'est prendre de l'élan[6] »*. Et je suis certain que vous auriez la même analyse si un enfant vous demandait comment faire en sorte que sa balançoire monte plus haut. Or dans notre quotidien, et lorsque nous sommes

5. Le mot « stress » vient du latin *stringere* : rendre raide, presser, mettre sous tension. Il explique certaines blessures musculaires chez des sportifs stressés qui ont alors les muscles plus tendus.
6. MC Solaar, « Le bien, le mal ».

sur notre balançoire, nous avons bien des difficultés à appliquer ce conseil.

On peut identifier trois pratiquants de balançoire.

1/ Il est un enfant ou un adulte en pleine force de l'âge et en bonne santé. Nous voyons que la balançoire a un mouvement ample. Elle peut monter très haut vers la gauche (dépense d'énergie, adaptation aux imprévus, sécrétions d'adrénaline et de cortisol) car elle arrive à prendre beaucoup d'élan vers la droite (récupération d'énergie, sommeil de qualité, baisse de la fréquence cardiaque et de la pression artérielle). On pourrait l'illustrer par une image de jeunes enfants capables de s'exciter, de danser, en sueur, dans une fête familiale, puis, la seconde d'après, de s'endormir dans des bras sécurisants.

C'est un peu comme si cette balançoire avait un gros moteur et de gros freins. Elle se déplace symétriquement entre le système nerveux sympathique (à gauche de l'axe vertical) et le système nerveux parasympathique (à droite de l'axe vertical).

2/ Dans le deuxième cas, le mouvement de balançoire est toujours symétrique par rapport à cet axe vertical, ce qui est bon signe, cependant nous voyons que son amplitude est très réduite. Moins de capacité à se dynamiser mais également moins de facilité à se régénérer. Comme si notre balançoire avait un plus petit moteur et, dans le même temps, de petits freins. L'un des facteurs expliquant la perte d'amplitude de notre balançoire est l'âge. Ce n'est pas le seul, nous allons le voir.

3/ Enfin, le dernier mouvement proposé par la balançoire est le plus atypique. En effet, elle ne dépasse jamais l'axe vertical, n'appliquant donc pas les conseils du rappeur MC Solaar. Son mouvement est également de faible amplitude et symptomatique des personnes stressées. Le stress, lorsqu'il est chronique, réduit considérablement le trajet de notre balançoire. Elle est toujours sous tension, sans prise d'élan (repos, régénération). Le risque de casser la corde est accru.

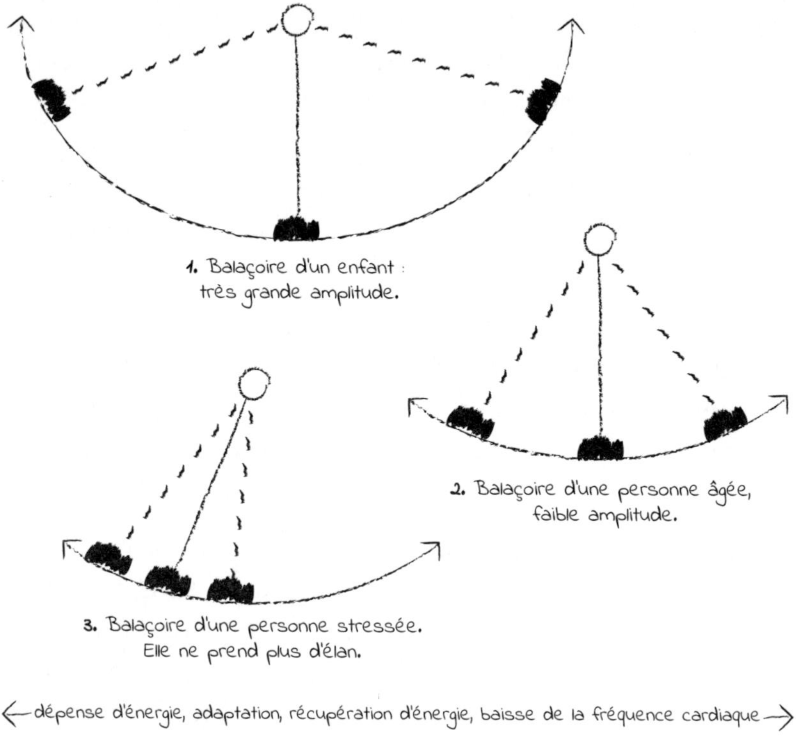

D'après vous, à quoi ressemble le mouvement de votre balançoire ? Après une forte contrariété ou devant la multitude de tâches que vous avez à accomplir, arrivez-vous à faire « redescendre » votre balançoire et à passer de l'autre côté de l'axe vertical ou reste-t-elle bloquée « en haut à gauche » toute la journée ?

Nous allons voir comment s'y prennent les champions. Mais au fait, qu'est-ce qu'un champion ?

QU'EST-CE QU'UN CHAMPION ?

« Les rêves donnent du travail. »
Paulo Coehlo

Alors que nous avons vu les principales caractéristiques du stress, il est utile de voir celles du champion. Ne croyez pas ici que je vais vous parler uniquement de celles et ceux dont le rêve est de décrocher l'or olympique sur les Champs-Élysées en août 2024 et écouter retentir la *Marseillaise*. Le mot est parfois utilisé de manière péjorative – « Lui, c'est un champion ! », « Il a une tête de champion » –, pourtant, j'ai un vrai respect pour celles et ceux qui entrent en champion dans l'arène[7] de la vie. Certes, notre quotidien ne se résume pas à une compétition et encore moins à un combat, pour autant, nous avons de nombreux défis à relever.

Voici trois ingrédients que les champions ont en commun dans leur smoothie.

1/ Avoir un grand rêve

Sportif, entrepreneurial, familial, associatif, scolaire, personnel… j'aime croire que tous les champions ont d'abord un grand rêve. Une cause ou une vision qui les amènent à se dépasser, à imaginer, à concevoir un autre possible. Cela donne tellement de force !

7. Étymologiquement, le champion est celui qui combat en champ clos pour soutenir une cause (cnrtl.fr).

J'accompagnais il y a quelques mois une entrepreneure voulant développer son activité. Elle me dit, gênée et émue, lors d'une séance : « Tu ne vas pas me trouver très ambitieuse mais mon rêve est de préserver ma qualité de vie familiale. » Personnellement, je trouve qu'il s'agit bien d'un rêve de championne, d'un projet ambitieux. Pour d'autres, le rêve est de s'épanouir dans une nouvelle activité professionnelle ou d'exprimer davantage leur potentiel dans les situations à enjeux sportifs.

2/ Rechercher le principe de réalité

Les champions sont stratèges. Ils savent s'organiser, parfois en s'entourant, afin de mettre de leur côté toutes les chances de vivre réellement ce qu'ils imaginent mentalement. Cela signifie qu'ils sont lucides sur leur quotidienneté, sur leurs forces et leurs faiblesses, sur les différentes marches à franchir afin de se rapprocher du Graal. Ils sont capables de poursuivre leur objectif comme un cuisinier suit sa recette. Nous reviendrons bientôt sur l'importance de la clarification des objectifs. Autrement dit, ils sont pragmatiques.

3/ Faire preuve de persévérance

Quelqu'un vous a-t-il déjà dit qu'il était facile d'atteindre son rêve ? Y compris en ayant les pieds sur terre et en utilisant le principe de réalité ? Un rêve, voire un objectif ambitieux, est toujours difficile à atteindre (Fernand vous le dit, non ?). Notons que la difficulté n'est pas opposée au plaisir. J'aime ici utiliser l'analogie de la préparation de la navigatrice. Avant de prendre la mer pour un long voyage, une navigatrice sait qu'il y aura des nuits sans sommeil, des moments de doute, que le bateau va fortement tanguer… et une fois en mer il y a en effet, comme prévu, des nuits sans sommeil, des moments de doute, le tangage et le roulis du bateau. Mais malgré les difficultés, la navigatrice va persévérer. Elle sait à quoi s'attendre, et cela ne l'empêchera pas d'aimer être en mer, d'aimer se confronter aux éléments.

La persévérance est donc la clé pour arriver à destination de nos objectifs. Notez qu'être au clair avec les deux premiers points favorise la persévérance. Nous y reviendrons plus loin.

Vous le voyez, se comporter en champion ne signifie pas forcément courir après une médaille. Nous pouvons tous mettre ces trois ingrédients dans notre smoothie et partir ainsi à la découverte des moyens de raisonner notre ami Fernand pour mieux vivre avec lui. C'est ce que je vous propose au travers des huit clés qui suivent. Elles vous permettront d'analyser les causes et les conséquences de votre stress. Toutes les clés sont organisées de la même manière.

MON TROUSSEAU DE CLÉS, MODE D'EMPLOI

En tête de chaque clé, vous trouverez deux phrases très importantes.

La première phrase (☺) aborde les enjeux : ce que vous avez à gagner à maîtriser cette clé, le bénéfice que vous en tirerez à la fin. On peut évoquer ici un état désiré. J'ai fait le choix de vous présenter ce bénéfice futur au présent.

La deuxième phrase (☹) énonce le risque potentiel, ce que vous perdrez à ne pas vous approprier cette clé.

Exemple :

☺ : *Vous interrogez votre réalité, vos représentations mentales. Vous savez relativiser. Vous êtes dans de bonnes conditions pour exprimer votre potentiel.*

☹ : *Vous êtes « collé » à la perception de Fernand. La situation peut vous paralyser.*

Dans chaque clé, plusieurs outils vous sont présentés. N'hésitez pas à les tester à plusieurs reprises, refaites-les encore et encore, appropriez-les-vous ! Il faut parfois un peu de temps pour les faire siens, donc ne vous découragez pas, persévérez ! Et gardez en tête qu'un seul d'entre eux peut définitivement changer votre rapport au stress.

Certains outils sont sous forme digitale et vous pouvez les trouvez grâce à ce QR code :

Chaque clé s'achève également par un court poème.

N'hésitez pas à reproduire au besoin les outils proposés dans un carnet dédié afin d'aller plus loin.

CLÉ 1

EST-CE IMPORTANT ?

« Je montrerai à ces gens ce que vous ne voulez pas qu'ils voient. »
Néo, *Matrix*

☺ : Vous interrogez votre réalité, vos représentations mentales. Vous savez relativiser. Vous êtes dans de bonnes conditions pour exprimer votre potentiel.

☹ : Vous êtes « collé » à la perception de Fernand. La situation peut vous paralyser.

> 13 h 59, jour CA-PI-TAL
>
> Cela n'a pas été facile mais vous y êtes arrivé. Le repas a été préparé et mangé dans le temps imparti. Même si cela vous donne mauvaise conscience, votre enfant est installé, sagement, dans la pièce d'à côté, à regarder son dessin animé préféré sur votre tablette = 1 h 15 de « tranquillité ». Vous n'aviez de toute manière pas d'autre choix, vous avez appris dans la matinée que sa classe était fermée aujourd'hui.

> La connexion est établie, vous allumez votre webcam, prêt à animer cette visioconférence pendant laquelle vous devez défendre ce projet important. *« Ça va être chaud »*, vous murmure Fernand.
>
> Vous cherchez une dernière fois vos notes du regard où sont-elles ? Aïe, elles sont sur la tablette ! *« Ça va être très chaud ! »* répète, cette fois sans gêne, votre ami qui vous veut du bien !
>
> L'image apparaît enfin, tout le monde est là formant une mosaïque digitale, regards braqués sur vous. Un premier acteur demande : « Vous m'entendez ? » Vous balbutiez un « oui » timide, suffisant toutefois pour vous faire passer en grand à l'écran. Vous découvrez alors, en même temps que tous, une belle tache de sauce tomate sur votre chemise blanche des grandes occasions. « Je t'avais prévenu », vous susurre une voix amicale… votre balançoire monte complètement à gauche : votre rythme cardiaque s'accélère, votre respiration est saccadée, vos mains deviennent moites

Nous l'avons vu, Fernand s'inquiète pour vous dans toutes les situations à enjeux, s'il estime (à tort ou à raison, là n'est pas le problème) que vous n'avez pas les ressources suffisantes pour y faire face. Pour le dire autrement, contrairement à l'époque de nos ancêtres où la situation représentait objectivement un enjeu vital et où le stress était salutaire, c'est aujourd'hui, la plupart du temps, le regard que nous portons sur l'événement et sur nos ressources qui rend la situation stressante.

J'ai pu le ressentir à de nombreuses reprises lorsque j'étais enseignant en école d'ingénieurs dans le Maine-et-Loire. Dans une même situation, les partiels de fin de semestre par exemple, les ressentis étaient multiples.

Je vous les résume dans le tableau ci-dessous.

	Ressources +	Ressources -
Enjeu +	Ces exams sont importants et j'ai le niveau pour y faire face.	Ces exams sont importants à différents niveaux et je pense que je vais me rater = STRESS.
Enjeu -	Ces exams ne sont pas importants pour ma vie, mon image et j'ai le niveau pour y faire face.	Je n'ai pas le niveau pour ces partiels mais il ne m'importe pas de les réussir ou pas, j'ai déjà prévu une réorientation.

C'est bien notre subjectivité qui induit le stress le jour J *in situ*, voire l'anxiété – qui serait par exemple matérialisée par le fait d'avoir du mal à dormir ou à s'alimenter les jours précédents.

Deux pistes sont alors à explorer pour rassurer Fernand :

– se poser la question de l'enjeu de la situation et le redéfinir : « Si je baisse l'enjeu, je diminue également le stress. » C'est ce que faisaient parfaitement certains étudiants qui arrivaient détendus aux examens ;

– se poser la question de nos ressources et les redéfinir : « Si je suis au clair à propos de mes ressources à disposition, je vais pouvoir diminuer mon stress, voire mettre en place un plan afin d'acquérir de nouvelles ressources[1]. » (Principe de réalité.)

1. Nous voyons cette seconde piste p. 61 avec le « carnet de confiance ».

Première piste : redéfinir l'enjeu. Cette approche n'est pas toujours évidente seule mais elle est vraiment salutaire. Nous avons plus ici besoin de Néo, qui souhaite nous faire sortir de la matrice, que de Fernand, qui nous propose un film catastrophe.

S'interroger sur l'enjeu d'une situation nécessite une prise de recul par rapport à nos propres perceptions automatiques. Lorsque nous sommes stressés, nous ne nous posons plus aucune question, nous savons que nous sommes stressés. Nous sommes certains d'être dans une situation à enjeux importants. Nous tenons cela pour vrai.

Tenir pour vrai est l'origine du mot « croyance ». De fait, nous sommes d'une certaine façon en pilotage automatique. Une partie de mon travail consiste donc à sonder les représentations mentales qu'ont les personnes de la situation dans laquelle elles se trouvent.

Si je tiens pour vrai qu'il y a un enjeu important à ce que je sois toujours impeccable lorsque je parle en public (donc sans tache de sauce tomate) ou qu'il est inconcevable de m'excuser trois minutes pour aller dans la pièce d'à côté et renoter les cinq points capitaux que je souhaitais partager (et peut-être même prendre 32 secondes de plus pour mettre une autre chemise, si cela compte pour moi), alors je vais ressentir les symptômes du stress.

Ce dialogue s'établit entre nous et Fernand qui veille sans cesse à protéger notre ego. Notre responsabilité dans l'expression de ce stress est ce qui en fait à la fois le cynisme et l'espoir.

Si nous arrivons à faire évoluer nos échanges avec Fernand, alors nos ressentis seront différents.

« Le stress est une relation particulière entre la personne et l'environnement, relation qui est évaluée par l'individu comme excédant ses ressources et menaçant son bien-être », nous disent Lazarus et Folkman[2] et vous savez qu'ils ont raison. Vous voyez bien, au quotidien, que vos représentations dans telle ou telle situation ne sont pas les mêmes que celles de vos proches ou collègues.

LA RESTRUCTURATION COGNITIVE

Je vous propose d'aborder la restructuration cognitive. Cela consiste à interroger nos schémas de pensées et leurs conséquences. À se poser la question de ce que l'on tient pour vrai, que l'on ne vérifie plus et qui parfois, avouons-le, nous pourrit la vie. Attention, l'idée n'est surtout pas de prétendre que tout ce qui nous arrive dépend de nous et de notre regard. Il s'agit d'être attentif aux situations dans lesquelles il est possible de nous sentir mieux et d'agir différemment en faisant évoluer notre perception de l'enjeu.

Lors de mes cours en école d'ingénieurs, il m'arrivait chaque année d'échanger avec certains à propos de leur recherche de stage. Le prochain rendez-vous de recrutement m'était parfois présenté comme une échéance capitale : « Il me faut à tout prix ce stage, si je ne l'ai pas c'est la catastrophe ! » Pour d'autres, la même situation était vue comme l'occasion de s'exercer, de s'améliorer tout en comprenant mieux les attentes de l'entreprise. Ainsi, même en cas d'échec, ce serait un entraînement pour un prochain entretien.

---

2. Lazarus R. et Folkman S., *Stress, Appraisal and Coping*, New York, Springer, 1984, non traduit.

Même situation, structurations cognitives différentes, répercussions physiologiques et émotions différentes.

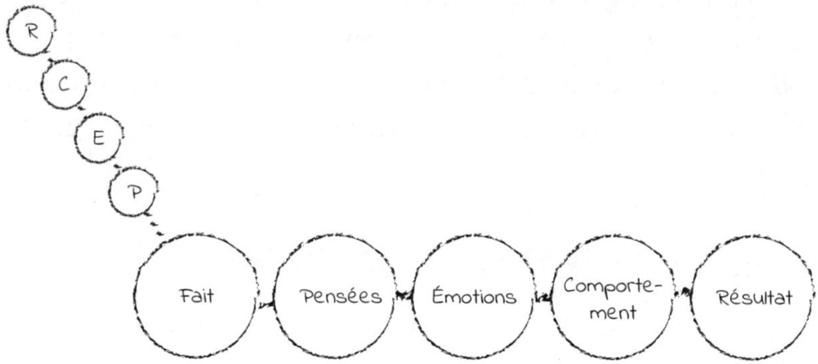

Si vous pouviez choisir, pour laquelle de ces approches opteriez-vous ? Laquelle vous permettrait-elle d'aborder le rendez-vous avec le maximum d'efficience ? Est-ce que vous souhaiteriez envisager une troisième approche de cette même situation ?

La bonne nouvelle c'est qu'avec de l'entraînement il devient possible de choisir les schémas de pensées les plus aidants. Nous pouvons au moins étudier nos schémas de pensées et concevoir d'autres points de vue.

METTEZ DU SOLEIL DANS VOTRE VIE

Outil – Le soleil

Vous rappelez-vous les soleils que vous dessiniez enfant ? Je suis sûr que c'était un gros rond et des traits tout autour symbolisant les rayons de l'astre ! Juste ? Je vous propose de faire de même avec la restructuration cognitive.

Au centre du soleil, **le fait**, sans interprétation.

Dans le cas de notre visioconférence, cela peut être : « Je découvre que ma chemise a une tache de sauce tomate au début de la visioconférence. »

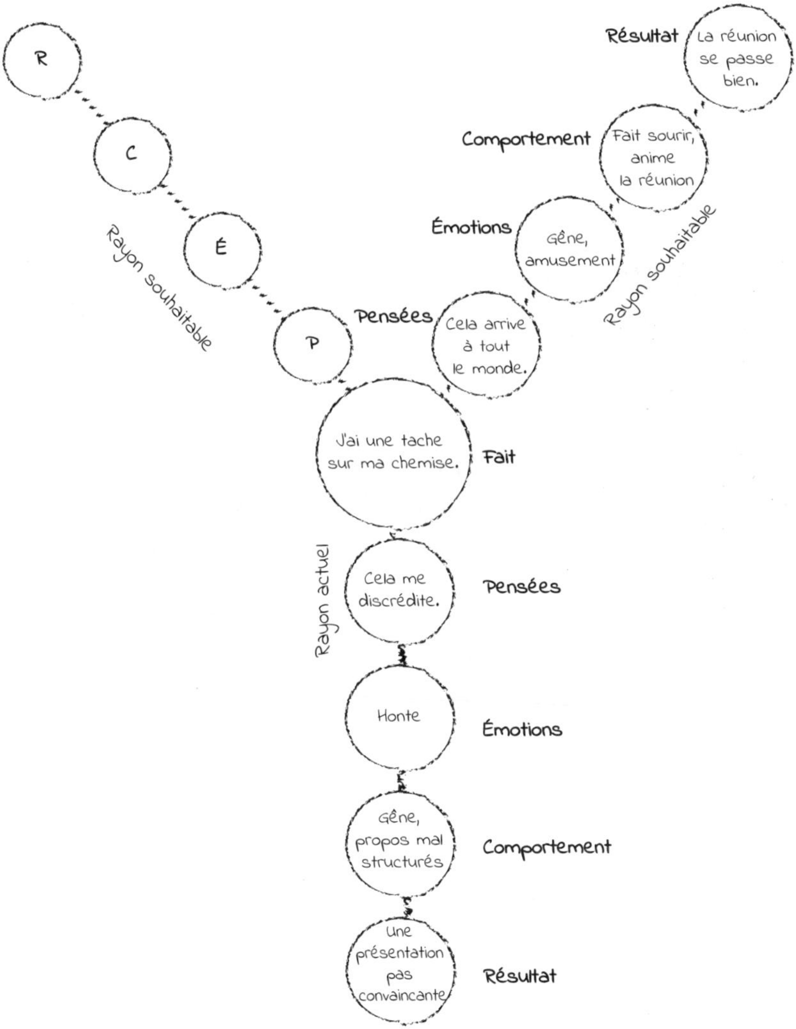

Les bulles reliées entre elles représentent un rayon. Lorsque le trait est continu, il s'agit de nos interprétations et comportements automatiques, spontanés. Lorsque le rayon est en pointillé, il représente les interprétations que l'on peut avoir en faisant preuve d'imagination, voire de modélisation (je copie un « modèle » : « Ma meilleure amie réagirait de cette manière je pense. »). Elles nous sont moins accessibles de prime abord. Vous pouvez aussi vous amuser à varier les couleurs de vos rayons selon qu'ils vous aident ou vous handicapent.

Poursuivons avec notre télétravailleur…

Sa **pensée** pourrait être : « Oh non, c'est pas vrai ! Je vais passer pour un touriste ! Ça ne se fait pas ! Cela va me discréditer ! »

L'**émotion** rattachée sera la honte.

Le **comportement observable** de l'extérieur sera une personne gênée, peu sûre d'elle, qui semble facilement perturbable et dont les propos ne sont pas bien structurés.

Le **résultat** sera « la présentation n'a pas été convaincante, nous n'allons pas plus loin ».

Dans la même situation, une autre personne (ou la même personne entraînée à la restructuration cognitive) suivra peut-être l'enchaînement suivant :

Pensée : « Ah zut ! Cette tache, ce n'est pas de chance ! Bon, ce n'est pas grave, cela arrive à tout le monde, même aux meilleurs ! »

Émotions : Gêne et amusement.

Comportement : Assume presque totalement la situation, fait sourire en affirmant sa gourmandise. Anime ensuite sa réunion.

Résultat : La réunion se passe très bien, l'ambiance est détendue et professionnelle. Les participants réservent leur réponse pour les jours à venir. Ils semblent convaincus.

Cet exercice vous obligera à observer vos pensées. Ce n'est pas toujours aisé au départ et il est possible que votre soleil n'ait que deux ou trois rayons.

Tout d'abord, sachez qu'un seul nouveau rayon aidant peut contribuer à rassurer Fernand et ainsi vivre la situation avec plus de sérénité, d'amusement car, après tout, l'enjeu n'est pas vital. Ensuite, si le nombre de rayons vous semble insuffisant, vous avez deux possibilités :

1/ imaginer quels seraient les pensées ou les comportements qu'aurait votre meilleur ami ou des personnes qui vous inspirent dans cette situation ;

2/ solliciter réellement l'avis d'autres personnes sur ce fait. Ainsi elles vous apporteront d'autres rayons de soleil. Demandez explicitement à des proches leur interprétation de la situation.

Regardez le joli cadre de la page suivante, il attend votre premier soleil.

QUEL EST LE BUT ?

Faire douter nos certitudes.

Notre cerveau peut avoir deux approches face à une même situation.

Dans un cas, il peut décider rapidement, de manière quasi automatique, instinctive. En gros, c'est votre ami Fernand qui prend les commandes. Il est tranché, sûr de lui et têtu, et cherche absolument à vous protéger de tout ce qui peut vous menacer physiquement mais aussi mentalement (« Tu vas être ridicule »). En effet, il est très soucieux de l'image que vous pouvez renvoyer.

L'autre approche prend plus de temps et d'énergie mais permet d'aborder la situation avec plus de lucidité, de relativité, de nuances. Cette approche peut tout à fait tenir compte des conseils protecteurs de Fernand sans pour autant y souscrire. Il est possible d'avoir une vision moins tranchée, certaine, dramatique de la situation. Et cela rend la vie plus belle, parfois[3] !

« Le doute rend fou et la certitude rend con. »
Jean-François Marmion

> Septembre 2018
>
> Coup de téléphone de Fabrice Allouche...
>
> Le triple champion du monde de boxe thaï et de kick boxing a décidé de rejoindre mon programme de

3. Pour plus d'informations sur ces modes de fonctionnements cérébraux, vous pouvez lire : *Système 1/Système 2 : les deux vitesses de la pensée* de Daniel Kahneman (Flammarion, 2012) et *L'Intelligence du stress* de Jacques Fradin (Eyrolles, 2008).

formation en préparation mentale quelques semaines auparavant. Ce n'est pourtant pas l'objet de son appel.

« Raphaël, je viens d'être contacté par une très grosse entreprise française qui cherche un intervenant pendant deux heures pour une quinzaine de ses cadres internationaux. »

Jusque-là tout va bien pour moi. J'écoute tranquillement, me disant qu'il souhaite partager cette bonne nouvelle ou qu'il a une ou deux questions à me poser. Fernand n'est pas là, je suis tout ouïe.

« J'ai pensé à toi car il cherche un préparateur mental [cool me dis-je, c'est sympa] et en plus l'intervention doit être faite en anglais ! »

Fernand arrive sans frapper : « *En anglais ? C'est hors de question ! C'est beaucoup trop risqué ! Dis non tout de suite !* »

Le premier réflexe cérébral que j'ai eu a été d'identifier tous les risques potentiels de cette nouvelle situation. Ils étaient nombreux mais un se détacha rapidement du lot : la mise en danger de mon ego !

À la fin de ma conversation avec Fabrice (avec Fernand qui me braillait dans les oreilles), je lui dis que j'étais d'accord pour en discuter avec l'organisateur de l'événement. Ensuite, il serait toujours temps d'avoir une discussion avec Fernand.

Outil – Les 10 minutes chrono

Voici un outil qui permet de mobiliser les capacités de réflexion logique du cerveau et de le sortir des réponses automatiques. L'idée est d'interroger les premières certitudes et les ressentis apparaissant lors de la perception de la situation stressante. Nous l'avons vu, nous sommes régulièrement le créateur de notre stress de par le regard que nous portons sur la situation.

Cet exercice se découpe en trois temps.

– Temps 1 : Mes ressentis immédiats

Qu'est-ce que je ressens sur le coup ? Qu'est-ce que je me dis ? (Ou qu'ai-je ressenti ? Que me suis-je dis lorsque j'ai appris que… ?)

– Temps 2 : Ce qui explique mes ressentis

Pourquoi ce ressenti ? Quel est le message de Fernand ?

– Temps 3 : Mes certitudes après 10 minutes de réflexion

De quoi suis-je certain après 10 minutes de réflexions ouvertes ? (N.B. : Cette réflexion peut tout à fait utiliser l'outil soleil.)

Voici une liste non exhaustive de questions auxquelles il est possible de répondre :

Que peut-il m'arriver de positif si j'accepte pleinement cette situation ?

Que peut-il m'arriver de négatif si j'accepte cette situation ?

Serait-ce grave ?

Puis-je nuancer et relativiser mes réponses ?

Que puis-je apprendre sur moi ?

Peut-il y avoir de belles surprises en acceptant cette situation ?

Quels sont les moyens que je peux mettre pour me préparer au mieux à cette situation ?

J'ai réuni dans le tableau suivant le récapitulatif de mes réponses à ces trois temps lors de la proposition qui m'a été faite d'intervenir deux heures en anglais.

Qu'est-ce que je ressens immédiatement ? Qu'est-ce que je me dis ?	Peur/Excitation. Plus simple de ne pas y aller. Pas de mise en danger. Trop dur d'assurer en anglais.
Pourquoi ce ressenti ? Quel est le message de Fernand ?	Capacités, enjeu, interrogation de mes parents (Fernand n°s 2 et 3 !).
De quoi suis-je certain après réflexion avec le soleil ?	
Mes capacités	Peuvent s'améliorer/Solliciter Nico Capacité d'apprendre de cet événement, de rebondir.
L'enjeu	Quasi nul pour l'entreprise si je me rate. Important pour l'entreprise si je réussis. Important pour moi que je réussisse ou échoue (cf. blason : valeur haute)
Autre	Nouvelles rencontres, nouveaux contacts, nouvel univers. Le commanditaire m'en pense capable. *Fake it until you make it.* Cela va agrandir ma zone de confort/ confiance.

On voit ici que Fernand a tout de suite voulu m'alerter sur mon éventuelle incapacité à assurer cette prestation. Cela me mettait trop en danger car des ressources insuffisantes dans une situation à enjeu déboucheront sur un stress assuré, comme nous l'avons observé avec certains étudiants avant leur partiel.

Les 10 minutes chrono m'ont permis de faire tomber mes premières certitudes. En effet, mon discours interne a été alors proche de : « Tu as presque deux mois devant toi pour te préparer. C'est l'occasion d'améliorer ton anglais. Tu vas pouvoir écouter des podcasts, des séries, prendre des cours, solliciter Nicolas [notre voisin prof d'anglais]. Le commanditaire t'a écouté prononcer cinq phrases en anglais et te pense tout à fait capable d'animer l'atelier. Tu seras encore meilleur dans six semaines. » Les 10 minutes chrono m'ont donc permis de mettre en lumière mes ressources.

Voyons ce qu'il en fut de l'enjeu : « Qu'ai-je à **perdre** dans cette situation ? Pas grand-chose. Au pire, si je suis vraiment mauvais le jour J, quinze personnes seront déçues. Si tel est le cas, je pourrai même proposer de rembourser mes honoraires afin d'avoir l'esprit tranquille. Et puis je n'aurais pas à parler pendant deux heures. Je peux leur proposer différents ateliers. Même dans le pire des scénarios, j'aurais la satisfaction d'avoir osé, ce qui sera bon pour mon estime. »

« Qu'ai-je à **gagner** dans cette situation ? *A lot !* Me prouver que je suis capable d'intervenir en entreprise en anglais sera bon pour mon estime et ma confiance. C'est aussi l'occasion d'avoir de nouveaux contacts professionnels. Cela me servira peut-être pour de la préparation mentale d'anglophones ou pour de prochaines vacances à l'étranger. »

Les 10 minutes chrono m'ont permis de prendre de la distance avec les propos de Fernand. De les nuancer, de les relativiser, voire de les contredire franchement, tout en éclairant l'attrait de ce défi.

Les bienfaits d'une pause de 10 minutes au soleil (vous savez très bien les dessiner) ne sont donc plus à prouver pour votre santé physique et mentale !

Les champions acceptent de remettre en question leur peur, leurs doutes et leurs certitudes handicapantes : ne croyez pas toujours votre Fernand.

Épilogue…

Voulez-vous savoir comment s'est finalement passée mon intervention ?

Je suis arrivé sur place le jour J, confiant et avec une très légère dose de stress. Juste le niveau optimal me permettant d'être vigilant, attentif. Cinq minutes avant mon intervention, le commanditaire vient me saluer :
« Content de te rencontrer Raphaël, ils t'attendent et sont très enthousiastes à l'idée de faire de la préparation mentale.

– Plaisir partagé ! J'ai hâte aussi de leur présenter les ateliers que j'ai prévus !

– Top ! Au fait, ils comprennent tous très bien le français. »

J'entrai dans la salle soulagé et déçu. Heureusement que je n'avais pas écouté Fernand. Cela n'a pas toujours été le cas…

> En octobre 2019, j'ai trop écouté mon Fernand. Damien Valli, un ami entrepreneur, me propose alors d'intervenir lors d'un séminaire qu'il organise pour une soixantaine d'entrepreneurs. L'idée est que je présente en une trentaine de minutes l'importance du mental dans l'entrepreneuriat. La préparation mentale est encore vue comme la chasse gardée des sportifs. Les entrepreneurs n'ont pas toujours conscience d'en avoir besoin. Pourtant, force est de constater que sportifs comme entrepreneurs sont dans des situations à enjeu. Les jours de moins bien, les premiers peuvent toujours se rattraper aux branches

grâce à leur condition physique. Qu'en est-il pour un entrepreneur ?

En finissant de m'indiquer les attentes qu'il a vis-à-vis de mon intervention, Damien me dit : « Tu pourras, si tu le souhaites en conclusion, présenter le séminaire de deux jours que tu animes dans quelques semaines. » Un an plus tôt, Damien avait justement participé à l'un de ces séminaires. Deux jours durant lesquels une dizaine d'entrepreneurs travaillent sur leurs croyances limitantes. Il était revenu ravi de ce moment. Je trouvais sa proposition très sympa. Sans elle, je ne me serais de toute façon pas permis de l'évoquer.

Le jour J, mon intervention se passe bien. Les personnes présentes semblent apprécier l'instant. J'alterne théorie et pratique. Au moment de conclure et d'évoquer le séminaire que j'organise prochainement, Fernand fait irruption sans frapper : « *Tu ne vas quand même pas leur parler de ton événement ! Ils ne sont pas venus pour ça. Ce n'est pas comme si c'était tes clients. Regarde, celui au deuxième rang semble vraiment s'ennuyer. Bla bla bla...* »

En deux temps trois mouvements, Fernand m'avait retourné le cerveau. Je faisais une intervention sur la préparation mentale des entrepreneurs et il était évident que je ne m'étais moi-même pas assez préparé à ma conclusion. Mon ROC[4] n'était pas le bon pour mon objectif entrepreneurial. En revanche, peut-être que, pour Fernand, c'était l'idéal ! Ne pas me mettre en danger, me préserver ! Ne pas risquer de « tout donner sur scène ». Imaginez : je fais de mon mieux sur l'estrade, j'ai l'impression d'être super bon... et ? Rien ! Nada ! Wallou ! Que vais-je me dire ? Que vais-je penser de moi ? Fernand

4. Je vous présente cet outil dans un instant.

cherche à protéger mon ego d'une blessure. Il a une intention positive, amicale, vis-à-vis de moi.

Vous arrive-t-il, dans une situation à enjeu, de faire exactement l'inverse de ce que vous devriez faire ou de le faire… mais qu'à moitié ? Ainsi on se préserve : « Ouais, j'ai raté cet exam mais franchement, j'avais pas trop bossé. » Un peu comme cet entrepreneur que j'accompagnais dans l'approche mentale du développement de son entreprise. Alors qu'il n'était pas satisfait de ses actions des derniers mois, je lui demandais quel était le bénéfice principal de sa procrastination. Il me dit quasi instantanément : « Je peux continuer de rêver. Tant que je n'agis pas je peux continuer d'y croire. Je reste aussi dans quelque chose que je maîtrise, que je connais ! » Comme cela m'était arrivé lors de cette intervention dijonnaise, son Fernand avait pris le contrôle.

– Continuer ce que l'on connaît, c'est « confortable » ; Fernand n'aime pas la nouveauté.

– Ne pas risquer l'échec ; Fernand en a peur.

– Ne pas risquer la réussite ; Fernand peut aussi en avoir peur.

Vous arrive-t-il de savoir clairement en amont ce que vous voulez faire ou devriez faire dans telle ou telle situation sans agir pour autant lorsque vous en avez la possibilité ? Parler à cette personne qui vous plaît depuis plusieurs semaines ? Demander un rendez-vous à votre supérieur ? Prendre la parole en public ?

Que vous dit Fernand dans ces moments-là ? Quels sont les bénéfices de l'inaction ? Laissez-en une trace ci-dessous.

Ma situation actuelle, mon souhait (ou ce que je dois faire) :

....

....

Ce que me dit Fernand :

....

....

Le bénéfice de ne pas agir :

....

....

....

AVONS-NOUS UN ACCÈS DIRECT À LA RÉALITÉ ?

Plusieurs études montrent que la réponse à cette question est non. Nous sommes très fortement influencés par nos représentations, par nos interprétations de tel ou tel élément. J'y reviendrai. En l'occurrence, dans l'anecdote que je viens de raconter, le fait de me « vendre » à des personnes qui n'étaient pas explicitement en demande m'avait mis mal à l'aise.

Il est temps de vous présenter le ROC.

Outil – Le ROC

« ROC » est l'acronyme de représentation, objectif, comportement.

Rétrospectivement, voici mon ROC *in situ*.

Représentation : C'est ce que me disait Fernand… et je l'ai cru… : *« Il n'est pas correct de chercher à vendre ta prestation à des personnes qui n'en n'ont pas exprimé le besoin et qui ne sont pas venues spécifiquement pour toi ! »*

En fonction de cette représentation, un objectif s'est « imposé ».

Objectif : Écourter, me faire « petit », ne pas déranger avec cette dernière partie. Vite sortir de cette situation.

Comportement : Débit accéléré, conclusion bâclée sans laisser le temps aux personnes de bien prendre conscience de ce que je propose ou de me poser des questions.

À votre avis, après mon passage sur l'estrade ce jour-là, combien de personnes ont décidé de venir aux deux jours « fabuleux » que je proposais ? **ZÉRO !!**

La **représentation** est la synthèse de ce que nous percevons de notre environnement et de ce que nous nous en disons… voire, ce que Fernand nous en dit. Elle dépend de notre confiance, de notre niveau d'énergie, de notre éducation Cette appréciation de la situation est donc complètement **subjective** : quel est l'enjeu ? Quelles sont mes ressources ? Par exemple, pour sonder la représentation subjective des collaborateurs lors d'interventions en entreprises, je demande régulièrement : « Comment réagissez-vous si vous êtes stressé dans une situation et que votre collaborateur est détendu ? » Il y a donc un enjeu et la personne concernée n'est pas sûre de pouvoir faire face aux exigences de la situation. Certains me disent : « Si mon collègue est calme, c'est vraiment qu'il n'a rien compris de l'importance de la situation ou du moment. C'est un touriste. » Alors que d'autres, exactement dans le même contexte, répondent : « Je vais penser qu'il maîtrise son sujet et qu'il est compétent. » Même perception : le calme du collègue et représentations opposées : « touriste » *versus* « compétent ».

À leur tour, nos **objectifs** dans l'action découlent de nos représentations. C'est parce que j'ai eu cette représentation inadaptée à mon objectif initial (leur parler de mon séminaire) au moment de conclure, que mon objectif *in situ* a été modifié (expédier mon propos en quatrième vitesse). Avec une meilleure représentation du moment, mon objectif aurait été de présenter clairement, pendant cinq minutes, le programme et les bénéfices du séminaire que j'organisais. *Idem* si la représentation que j'ai de mon collègue est « c'est un touriste », mon objectif sera peut-être de le secouer, ou de l'éviter et de poursuivre le travail seul ; dans les deux cas, cela donnera du grain à moudre à Fernand. À l'inverse, la seconde représentation m'incitera par exemple à m'inspirer de lui.

Enfin, nos **comportements** viennent se synchroniser avec notre objectif.

	Interférent (vécu par la personne)	Aidant, à ancrer
R	Je vais les embêter. Ils ne sont pas venus pour ça.	Le séminaire est top. Plusieurs personnes me l'ont dit. Cela pourrait intéresser les clients de Damien. Garde en tête que tu peux leur être utile.
O	Bâcle, dépêche-toi de finir !	Explique avec le plus de clarté possible l'intérêt de ce séminaire. Réponds bien à leurs questions.
C	Je bredouille trois phrases. Mon langage corporel est fermé.	Je prends mon temps. Mon discours est posé. Mon langage corporel est ouvert. Je souris. Je regarde les personnes dans les yeux.

Nos représentations influencent donc nos comportements.

Il est essentiel de veiller à être au clair en ce qui concerne son ROC aidant, celui qui augmente la probabilité d'atteindre l'objectif, d'avoir une vie ROC'n'roll et laisse Fernand se reposer. Pour cela, il ne faut pas écrire en amont son ROC avec une craie ou un crayon à papier comme je l'avais fait. Au moindre coup vent, à la moindre vague de stress, il n'en restera plus rien… ce sera parti aux oubliettes et nous suivrons les propos prévenants, et surtout angoissés, de Fernand. Notre représentation évoluera (*« c'est trop dur »*), notre objectif aussi (*« fuyons ! »*) et nos comportements s'adapteront ! Non, nous devons écrire notre ROC au burin, le graver dans la roche, qu'il en reste une trace indélébile même en cas de tempête dans un verre d'eau ou sous notre boîte crânienne.

C'est pour cela que je vous ai proposé d'écrire les propos de Fernand et son intention positive (voir p. 43). Il est crucial d'être clair sur son objectif : de quoi veut-il nous protéger ?

LE ROC AU QUOTIDIEN

Si ma représentation, lorsque mon fils vient taper au bureau pour la troisième fois en 10 minutes est : « C'est pas vrai ! Il le fait exprès pour me déranger en plein boulot ! » Mon objectif et mon comportement ne seront pas les mêmes que si je me dis : « Je bosse depuis un moment, il exprime son envie et son besoin que l'on passe du temps tous les deux. »

> Henri Guillaumet
>
> Aviateur français de l'Aéropostale, ami d'Antoine de Saint-Exupéry, Henri Guillaumet se trouve, le 13 juin 1930, dans l'incapacité de traverser la cordillère des Andes à cause d'une météo exécrable. Manquant d'essence, il décide d'atterrir à plus de 3 000 mètres d'altitude. C'est alors le plein hiver dans l'hémisphère Sud, son avion se bloque dans la neige. Les deux jours suivants, le temps ne s'améliore pas, les températures sont largement en dessous de 0 °C. Henri Guillaumet s'abrite comme il le peut en attendant la fin de la tempête. Le troisième jour, il aperçoit un avion de secours mais celui-ci ne le voit pas. Il décide alors de partir à pied et écrit, sur la carlingue de son avion : *« N'ayant pas été repéré, je pars vers l'est. Adieu à tous, ma dernière pensée sera pour ma femme. »* Ces quelques mots montrent qu'il quitte son habitacle en étant peu confiant, à juste titre – des conditions extrêmes, peu de vivres et d'équipement –, quant

à ses chances de survie. Pourtant il marche et marche encore. « *Après deux, trois, quatre jours de marche, on ne souhaite plus que le sommeil. Je le souhaitais. Mais je me disais : Ma femme, si elle croit que je vis, croit que je marche. Les camarades croient que je marche. Ils ont tous confiance en moi. Et je suis un salaud si je ne marche pas.* » Puis le froid, la fatigue prennent le dessus, Guillaumet tombe une énième fois et ne compte plus se lever. À quoi bon ? L'auteur du *Petit Prince*, nous raconte la suite, nous partageant le ressenti de Guillaumet dans *Terre des Hommes* : « *J'ai fait ce que j'ai pu et je n'ai point d'espoir, pourquoi m'obstiner dans ce martyre ? Il te suffisait de fermer les yeux pour faire la paix dans le monde. Pour effacer du monde les rocs, les classes et les neiges. À peine closes ses paupières miraculeuses, il n'était plus ni coups, ni chutes, ni muscles déchirés, ni gel brûlant, ni ce poids de la vie à traîner quand on va comme un bœuf, et qu'elle se fait plus lourde qu'un char. Déjà, tu le goûtais, ce froid devenu poison, et qui, semblable à la morphine, t'emplissait maintenant de béatitude.* »

Nous le comprenons, Guillaumet est en train de partir en paix avec lui-même. Il est d'autant plus tranquille qu'il sait que son épouse touchera bientôt l'assurance-vie des aviateurs. La veuve sera au moins à l'abri du besoin. La fin de Guillaumet est proche puis une nouvelle pensée vient modifier sa représentation de la situation. Son ami nous explique : « *Dans le cas de disparition, la mort légale est différée de quatre années. Ce détail t'apparut éclatant, effaçant les autres images. Or, tu étais étendu à plat ventre sur une forte pente de neige. Ton corps, l'été venu, roulerait avec cette boue vers une des mille crevasses des Andes. Tu le savais. Mais tu savais aussi qu'un rocher émergeait à 50 mètres devant toi : « J'ai pensé : "si je me relève, je pourrai peut-être*

> *l'atteindre. Et si je cale mon corps contre la pierre, l'été venu, on le retrouvera." »*

Prêt à se laisser mourir sur la neige quelques instants plus tôt, l'aviateur, conscient des enjeux financiers pour son épouse, veut s'assurer que son corps sera retrouvé « facilement » dès la fonte des neiges, d'où sa recherche d'un roc comme lieu de trépas. Cette représentation de la situation, cet objectif et ces comportements le mèneront finalement jusqu'à un retour à la civilisation. *« Ce que j'ai fait, je te le jure, jamais aucune bête ne l'aurait fait »*, confiera Guillaumet à Saint-Exupéry. Quel témoignage de la force de nos pensées et de nos représentations !

POURQUOI DANSONS-NOUS MAL LE ROC ?

Je trouve fascinant la force que nos représentations peuvent nous donner, à quel point elles peuvent changer notre vie.

Mon ROC, le jour de mon intervention lors du séminaire de Damien n'a pas été efficient d'un point de vue entrepreneurial. Il l'a en revanche été du point de vue de Fernand qui cherchait à m'éviter de trop m'exposer à un « non ». J'ai entendu et compris le point de vue de Fernand et j'ai pu ensuite faire évoluer mon ROC.

Avez-vous déjà entendu une personne dire : « Ah, si seulement j'avais su plus tôt l'importance des études, j'aurais plus travaillé. » Bien entendu, il ne s'agit là que d'un exemple et les cas où nos ROC nous jouent des tours sont fréquents : vie personnelle, professionnelle, sentimentale Cela me touche chaque fois qu'une personne comprend *a posteriori* que son ROC n'était pas le « bon », en tout cas, qu'une autre représentation était possible, acceptable et aidante. Avoir une vision claire de nos représentations et s'attacher à les remettre en question est un moyen de reprendre le contrôle sur notre vie et sur les propos de Fernand.

À votre tour de trouver votre ROC. Acceptez-vous cette mission ? Oui ? C'est parti !

1/ Dans quel domaine de votre vie souhaitez-vous utiliser le ROC ?

....

....

....

....

2/ Quel est votre ROC le plus fréquent et qui vous dessert ?

R : ....

O : ....

C : ....

3/ Quel est le ROC idéal ? Celui que vous regretterez dans quelques années si vous ne l'adoptez pas ?

R : ....

O : ....

C : ....

	Interférent (vécu par la personne)	Aidant, à ancrer
R		
O		
C		

Parole d'une entrepreneure

Je m'appelle Élodie Sorgeloos, je dirige depuis plusieurs années diverses sociétés en Belgique qui œuvrent dans le domaine de l'investissement immobilier.

Si je devais résumer en une métaphore le travail que j'ai pu effectuer avec Raphaël sur ces derniers mois, ce serait celle de « la traversée du désert ».

Nous avons pu ensemble, et grâce à l'outil ROC, mettre en perspective la représentation des éléments qui n'avançaient pas suffisamment vite à mon goût. Je me suis rendu compte au travers de cet accompagnement que j'avais une perception erronée, en voyant majoritairement les inconvénients et pas les avantages de cet état de fait. Or dans la vie, tout est équilibré. Chaque situation génère au même degré avantages et inconvénients.

Grâce à notre travail, j'ai pu me rendre compte qu'en fait, réaliser la traversée du désert (et donc, aller lentement), c'était cool. Et même plus encore, c'était bénéfique pour que certains projets prennent une forme à laquelle je n'aurais pu penser ni même que j'aurais entrevue au démarrage.

À retenir

Le stress survient lorsque vous êtes dans une situation à enjeu et que vous n'êtes pas certain que vos ressources vous suffiront pour y faire face.

Le stress fait penser en mode automatique, sans nuance, sans relativité.

Recalibrer la représentation que vous avez d'une situation par de la restructuration cognitive influence le stress.

Une *pause de 10 minutes au soleil* permet d'interroger votre stress et de faire évoluer votre *ROC*.

“ Alors que j'étais certain de mon point de vue,

Tel un bouquetin, je changeai de roc.

Là, immédiatement, ce que je vis me plut.

Une pause au soleil et je repartis à bloc ! ”

CLÉ 2

ÉCLAIREZ VOS POINTS FORTS

« Je m'avançais lentement, sûrement, avec la certitude
d'être le personnage héraldique pour
qui s'est formé un blason naturel :
azur, champ d'or, soleil, forêts. »
Jean Genet

☺ : Vous connaissez vos points forts et avez donc davantage confiance en vous. Vous pouvez ressentir plus de sérénité.

☹ : Vous pouvez avoir tendance à minimiser vos points forts et surinvestir vos points faibles. Cela augmente votre stress.

> Léa
>
> Cette jeune fille de bientôt 18 ans – appelons-la Léa – a tout pour elle. En bonne santé, elle vient d'intégrer l'école d'ingénieurs en horticulture et paysage de son choix avec

un an d'avance. Une nouvelle vie s'offre à elle : déménagement, davantage de liberté, des études choisies Que demander de plus ?

Pourtant, la nuit, Léa ne dort pas très bien. Chaque soir, au lieu d'être bercée par l'euphorie de la nouveauté, elle est tenue éveillée par un Fernand qui se fait du souci. Le matin, le réveil est laborieux, ce qui inquiète d'autant plus son ami bienveillant le soir suivant.

Un jour, à la fin d'un cours d'EPS, alors que l'année scolaire a commencé depuis environ un mois, Léa vient me parler :

« Monsieur, je peux vous poser une question ?

– Oui.

– Combien d'élèves redoublent chaque année en L1[1] ?

– Je dirais deux ou trois qui redoublent et presque autant qui décident de se réorienter. Pourquoi me poses-tu cette question ?

– Je sais pas trop... Je crois que je n'ai pas trop le niveau pour suivre les cours ici.

– Ah bon ? Qu'est-ce qui te fait dire ça ?

– ...

– Les premières évaluations se sont mal passées ?

– Non, pas vraiment, mais...

– Comment as-tu été recrutée à l'école ? Sur dossier ou à l'oral ?

1. Licence 1re année : cela correspondait aux étudiants qui intégraient l'école d'ingénieurs directement après le bac. Ils étaient environ cinquante.

– Sur dossier[2].

– Quel bac as-tu passé ?

– Bac S.

– As-tu une mention ?

– Oui.

– Laquelle ?

– Très bien mais j'ai eu de la chance !

– De la chance ?

– Oui.

– Quelle a été ta moyenne ?

– 18,7/20.

– Peux-tu me rappeler le nombre de matières que tu as passées ?

– Neuf.

– Donc tu as passé neuf épreuves de bac et obtenu la note de 18,7 en moyenne sur ces neuf épreuves uniquement par chance ?

– ... [gênée et légèrement souriante, elle ne répond rien.]

– Tu es la personne la plus chanceuse que je connais ! Dis-je dans un grand sourire. »

Léa avait tout pour elle mais il lui manquait une chose capitale : une idée claire de ses ressources !

2. Cela signifie que cette étudiante n'avait pas eu besoin de venir à l'école pour passer un oral de recrutement. Son dossier était suffisamment bon pour qu'elle n'ait pas à défendre sa décision d'intégrer cette école. Je pouvais avancer dans cette direction sans la mettre trop en difficulté.

Si vous êtes passionné de cuisine et que vous souhaitez préparer un bon plat de stress, vous connaissez à présent les deux ingrédients indispensables :

– des ressources fades (penser, à tort ou à raison, que l'on ne peut pas faire face à l'événement) ;

– une situation épicée par un enjeu capital.

Fernand se fait encore et toujours du souci pour nous. Il nous met le nez sur nos failles, nos défauts, nos manquements, tout ce qui peut nous mettre en danger. Il est d'ailleurs beaucoup plus sensible à ce que nous pouvons perdre dans une situation qu'à ce que nous pouvons y gagner. Ainsi, nous avons souvent la capacité à imaginer mentalement des films catastrophes dans lesquels nos carences sont visibles de tous, étalées au grand jour, aussi évidentes pour les autres qu'elles le sont pour nous… depuis toujours.

« Je vois le monde tel que je suis
avant de le voir tel qu'il est. »
Paul Éluard

CONFIANCE EN SOI OU ESTIME DE SOI ?

Tout d'abord, procédons à une petite mise au point sur la confiance en soi et l'estime de soi.

La première concerne la perception de nos capacités. Nous avons confiance en nous lorsque nous disons : « Je pense que je suis capable de faire face à cette situation future. » L'estime de soi renvoie à la notion de valeur : « Est-ce que ce que je fais est valable, a de la valeur ? » Je peux ainsi tout à fait manquer de confiance en moi pour finir un marathon en moins de trois heures mais avoir de l'estime car je suis sur la ligne de départ. *Idem* au niveau entrepreneurial ou personnel.

Je crois que nous avons souvent du mal, nous les Français, à distinguer confiance et arrogance. Combien de fois ai-je vu une difficulté à assumer pleinement la capacité d'atteindre un objectif ! Or l'arrogance est une attitude hautaine, une insolence méprisante, ce qui n'a pas grand-chose en commun avec la conscientisation de ses capacités. Et j'ai parfois l'impression que, par peur de paraître arrogants, nous « préférons » manquer de confiance en nous. Je me souviens de ce sportif qui cherchait à développer sa confiance en lui. Il faisait le constat depuis plusieurs années que cette habileté lui faisait défaut. Dans ce genre de cas, j'aime chercher, en début de collaboration, quel est le bénéfice caché de la situation. Je « chine » afin de comprendre quel est l'intérêt potentiel à rester dans cette conjoncture, ou encore, quel pourrait être l'inconvénient à atteindre l'objectif déclaré ? Dans ce cas, notre conversation s'est déroulée de la manière suivante :

> « Tu aimerais donc avoir plus confiance en toi ?
>
> – Oui absolument.
>
> – Cela fait longtemps que tu souhaites avoir davantage de confiance ?
>
> – Oui, depuis plusieurs années. On me dit que j'en manque.
>
> – OK. Quel pourrait être l'inconvénient d'avoir plus de confiance en toi ?
>
> – Je ne sais pas trop... Je ne me suis jamais posé la question comme ça !

> – Prends ton temps. Imagine-toi avec plus de confiance... Verrais-tu des inconvénients à cela ?
>
> – ... On pourrait me trouver prétentieux, arrogant. Je n'ai pas été élevé comme ça. »

En quelques instants, alors qu'il déclare vouloir plus de confiance en lui, il arrive à expliciter un désagrément majeur. Avec cette vision du monde, il avait plus d'avantages à rester dans sa situation actuelle qu'à cheminer vers l'état désiré. Comme souvent, le point de vue compte ! Jeune retraité des terrains de basket, Tony Parker, répond aux questions d'un journaliste du *Parisien* en 2019 et nous montre une autre perception :

> *« Le sportif français qui vous ressemble le plus ?*
>
> *Tous sports confondus, je dirais Kylian Mbappé, surtout par rapport à la mentalité. J'ai l'impression qu'il n'a pas peur de dire les choses. Quand j'ai commencé ma carrière, mon idole c'était Jordan, il avait une grosse confiance en lui et je m'en suis inspiré. En France, l'année qui précède ma Draft, on me dit que je suis arrogant parce que je veux aller en NBA. Dès que j'ai commencé à gagner c'était devenu : "Il a une grosse confiance en lui." Le défaut était devenu une qualité. »*

La confiance est une habileté mentale à optimiser et non à maximiser. Elle se développe, par le travail bien entendu, par le fait d'être au clair sur nos objectifs, nous y reviendrons. Elle dépend aussi du regard que nous portons sur nous-mêmes et, vous l'avez compris, du regard que les autres portent sur nous. **Notre confiance se construit aussi dans le regard de l'autre.** Ainsi, il serait vraiment dommage de passer à côté de leur expertise !

Concernant Léa – que je connaissais peu et qui n'avait pas d'échéance à court terme –, deux exercices ont été d'une grande aide. Voici le premier.

Outil – Le carnet de confiance

L'exercice se déroule sur 30 jours. L'idée est la suivante : chaque jour de la semaine, prenez 5 minutes pour trouver deux actions réalisées dans la journée et dont vous pouvez être satisfait, qui enrichissent votre confiance.

En fin de semaine, relisez ces 14 éléments, et mettez-en deux ou trois en avant ou faites une conclusion générale de la semaine.

L'intérêt est double.

1/ Tout d'abord, cela habitue votre cerveau à voir ce que vous faites de bien « ici et maintenant ». Il faut l'entraîner à porter son attention, à repérer ces actions positives. Quand on n'y est pas habitué, cela n'est pas toujours évident. Lorsque je vivais en Martinique, il m'est arrivé deux ou trois fois d'aller faire de la plongée sous-marine (palmes, masque et tuba) avec le parrain de mon fils aîné. J'étais très surpris de sa capacité à repérer les antennes des langoustes. Même en étant très vigilant, je passais parfois à quelques dizaines de centimètres de l'animal sans le repérer. Mon ami semblait les voir à « 10 kilomètres ». Quelques années plus tard, je me suis fait la même réflexion en me promenant en forêt, à l'automne, avec des habitués de la cueillette des champignons. En fait, avec de l'entraînement, notre cerveau s'habitue à voir ce que nous cherchons (la petite bête, comme les belles fleurs ou les réussites). Vous arriverez très bientôt à éclairer ce qui peut vous apporter de la confiance. Léa en a fait l'expérience en devenant la metteuse en scène et l'actrice de son propre effet Pygmalion. Elle a fait évoluer le regard qu'elle portait sur elle.

2/ Le deuxième intérêt du carnet de confiance est d'arriver à identifier votre part de responsabilité dans vos succès. C'est capital dans votre gestion du stress ! Si chaque réussite est vue comme une chance ou un hasard, il est difficile de capitaliser dessus. Les noter permettra d'augmenter le locus de contrôle interne[3] de vos réussites.

À votre avis, si à l'issue de ces 30 jours, Léa « s'amuse » à relire les 60 actions satisfaisantes qu'elle a réalisées, comment se sentira-t-elle ? Fernand aura-t-il toujours la même facilité à tenir la conversation sur sa nouvelle scolarité ? Aura-t-elle une plus grande propension à voir ce qu'elle réussit ? Et si vous commenciez votre carnet de confiance ?

Mon carnet de confiance - semaine 1						
Lundi	Mardi	Mercredi	Jeudi	Vendredi	Samedi	Dimanche
Ce que je retiens de la semaine						

3. **Locus de contrôle interne** = je pense que ce qui m'arrive dépend de moi. **Locus de contrôle externe** = je pense que ce qui m'arrive dépend de l'univers, du hasard, du karma.

Outil – Le boost de confiance

Dans la même veine que l'outil précédent, demandez à au moins trois personnes de votre entourage de lister vos trois compétences/qualités majeures et d'expliquer leur choix à l'écrit ! Précisez que leur propos devra être contextualisé, étayé par des exemples précis, ce sera plus prégnant, plus aidant. En effet, un : « Tu es génial ! » n'aura pas grande utilité venant d'une personne dont nous savons déjà qu'elle nous apprécie grandement. En revanche, un « Tu es génial car tu es disponible pour [...]. Par exemple je repense à la fois où tu avais fait [...] » Poser le contexte est primordial. La demande n'est pas toujours évidente à formuler. On peut ressentir de la gêne à appeler un ami et dire : « Salut, ça va ? Tu peux m'écrire mes trois qualités ou compétences s'te plaît ? Bisous. » Personnellement je propose toujours de faire la même chose vis-à-vis de la personne sollicitée. J'aime bien le principe de réciprocité de cet exercice. Mon ami me fait du bien et je lui fais du bien aussi. En plus, il proposera peut-être à d'autres personnes de faire l'exercice. Cela deviendra un cercle vertueux et non uniquement un exercice pour soi, même si c'est déjà important ! C'est tellement agréable de recevoir un regard bienveillant, clairement exprimé. Cela permet parfois une prise de conscience, une explicitation que l'on peut intérioriser peu à peu. Gardez ensuite précieusement les réponses de vos amis à portée de mains et d'yeux !

J'ai ainsi proposé à Nicolas Épinoux d'écrire les trois qualités qu'il m'attribuait. Nicolas est un ami très proche, nous sommes partis plusieurs fois en vacances ensemble, il fut mon témoin de mariage et il m'arrive aussi de travailler avec lui : nous avons la coresponsabilité du diplôme universitaire de préparation mentale intégrée de l'université de Poitiers. Je sais qu'il me connaît bien, « sous différents angles » !

Je voulais partager avec vous ses réponses (voir ci-dessous). Certainement pas pour me gargariser devant vous de ses mots amicaux, j'ai son texte, cela me suffit. Je vous montre son écrit pour vous inciter VRAIMENT à en faire de même avec vos proches et à demander à trois, quatre, cinq amis de décrire vos compétences en les contextualisant. J'aurais été incapable de mettre en avant ces éléments sans cela. Maintenant, je peux à mon rythme, accepter, embrasser tout ou partie de sa vision… et cela peut rassurer Fernand, faire évoluer le regard que l'on pose sur soi et réguler notre niveau de stress.

Sagacité et autocontrôle

Raphaël a une capacité à exprimer avec finesse et vivacité d'esprit une pensée claire. Ses pensées éclairent sans chercher à subjuguer, pérorer ou écraser son interlocuteur. Il tente avec calme et lucidité de faire ressortir quelque chose de la rencontre, de l'échange, que ce soit une solution, un avis et très souvent une pointe (ou une lance) d'humour pour rappeler qu'il ne se prend pas pour quelqu'un d'autre et/ou pour ramener l'interaction à hauteur de femmes et d'hommes.

J'ai pu constater cette qualité dans de nombreuses occasions mais notamment lors d'une situation avec une personne extérieure à un séminaire, qui nous reprochait quelque chose – qui nous semblait anodin de façon quelque peu agressive, tout au moins maladroite. Raphaël a su garder son calme, analyser la situation avec distance pour faire redescendre la pression et trouver des solutions pour apaiser ce monsieur et prendre soin de tous et de chacun. C'est un très bon exemple de sa sagacité même en période de stress intense et aussi un exemple qui montre son niveau d'autocontrôle qui fait de lui plus qu'un sachant mais aussi un expert de la gestion du stress.

Honnêteté

Raphaël a une franchise humaine mais sans détour. Il ne fait pas semblant ni ne joue avec la vérité. Il annonce avec précision son point de vue. Il l'argumente. Pour un échange sincère, il va donner, dans des conditions respectant son interlocuteur, les faits, les éléments étayant sa vision de la situation. Cette qualité lui permet de construire dans la durée avec ses proches, les personnes qu'il accompagne, une relation durable et sincère. Je pense que c'est une force qui permet de passer avec lui les aléas de la vie. Cette qualité en fait quelqu'un d'attachant et de solide sur qui on peut compter. Raphaël est un miroir sans tain, avec très peu de maquillage, il renvoie avec tact mais précision les creux et les bosses. C'est pour moi une qualité fantastique pour une amitié et une relation durables.

Un exemple me vient à l'esprit : lors de la construction du DU PMI, il y a eu des incompréhensions avec un autre intervenant qui travaille dans le haut niveau qui avait une vision différente quant à la création de cette formation. La situation devenait complexe à gérer, les compromis étaient difficiles à trouver avec cet intervenant qui voulait régler la situation avec des ultimatums du type : « C'est lui ou moi. » Raphaël, sans animosité, avec beaucoup d'humour mais beaucoup de franchise, a su donner son point de vue sans détour et évidemment sans menace. Dans l'échange, la franchise et l'empathie, nous avons su sortir de cette difficulté. Ce point de passage a été un des ciments de notre amitié durable.

Générosité et congruence

Raphaël a envie de partager, de transmettre, de donner sans imposer. Il partage ses passions parfois glaçantes comme les bains froids, énergisantes comme les épreuves physiques qu'il aime à inventer, captivantes comme ses séminaires M2P au cœur de stades de football qu'il affectionne particulièrement, ou encore réconfortantes au sein même de son cocon familial chaleureux.

Sa générosité s'exprime dans sa capacité à prendre soin de la liberté des uns et des autres, à considérer son alter ego, sans jamais rester statique, en lui offrant dès qu'il le peut une dose d'expérience humaine : une vue de ses montagnes, un jeu de société, un défi à relever… Il respecte les envies de chacun, tout en proposant à ceux qui le désirent des moments de partage. Un exemple me vient assez rapidement : Raphaël, sans rien demander, nous accueille en famille dans son chalet en plein hiver. Il nous héberge et, dans son quotidien surchargé entre les séminaires, les émissions, les coachings, les smoothies, M2P ou encore son livre, il prend le temps de nous organiser avec sa future épouse une journée splendide du côté du lac du Bourget : un moment mémorable. En toute simplicité, en toute amitié, nous avons pu refaire le monde, jouer en famille et plonger dans un lac à 5 °C avec le sourire… quelle générosité !

Wouahou ! À votre avis, comment se sent-on en découvrant cela ? Comment vous sentirez-vous dans quelques heures en découvrant les premiers propos des proches que vous aurez sollicités ? Là où Fernand souligne, énumère tout ce qui pourrait nous mettre en danger, ce que nous pourrions perdre, rater… le boost de confiance permet d'avoir accès à une autre perception. C'est très salutaire !

À vous de jouer sans plus attendre !!

1/ Contactez d'ici demain au moins 3 amis ou membres de votre famille.

2/ Demandez-leur d'écrire vos 3 principales qualités ou compétences en donnant des exemples précis.

3/ Proposez-leur d'en faire de même pour eux.

4/ Quelques heures ou jours plus tard, prenez connaissance de leur réponse… accueillez, savourez, conscientisez.

5/ Vous pouvez noter ci-dessous un résumé des propos tenus par les différentes personnes sollicitées.

....

....

....

....

....

6/ Gardez ce texte à portée d'yeux !

ON CRÉE UNE CHAÎNE ?

Vous avez reçu les retours de vos proches.
Vous avez exprimé à l'écrit les qualités de ces mêmes personnes. Vous ressentez de la confiance et de la gratitude. Proposez-leur de solliciter à leur tour 3 autres proches pour avoir d'autres visions que la vôtre sur leurs qualités… et ainsi de suite ! Trois personnes qui contactent 3 personnes, qui contactent 3 personnes. On fait du bien en nous et autour de nous !

Outil – C'est quoi ton blase ?

La réalisation d'un blason est le second outil que j'ai proposé à Léa. Quèsaco ?!

Avez-vous lu en ouverture de cette deuxième clé avec quelle force avance Jean Genet lorsqu'il est paré de son blason ?

L'objet de cet outil que j'utilise régulièrement en préparation mentale est de mettre en lumière, parfois de manière artistique, notre parcours, nos ressources, nos alliés, nos projets, valeurs. Sa réalisation et le fait de le regarder souvent alimentent estime et confiance en soi. Pendant des années, j'ai eu mon blason à portée de regard, dans mon bureau. Dans les moments de doute, lorsque Fernand partait dans un monologue, mon blason m'aidait à me souvenir. Il contribuait à me recentrer sur mes ressources. Son aspect très visuel est une force car il stimule grandement nos pensées et nos émotions, dont nous avons vu l'importance sur nos comportements et leurs conséquences.

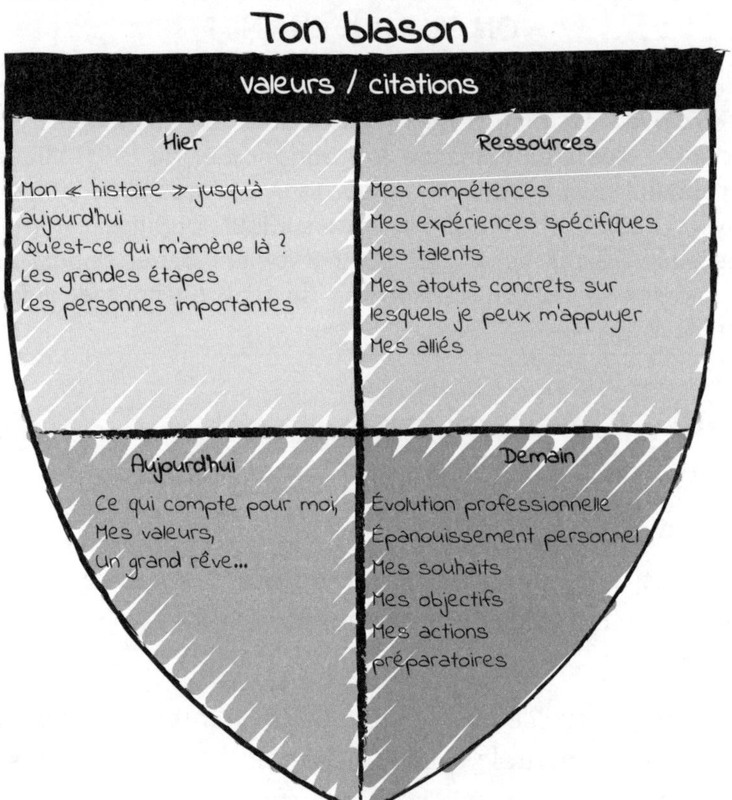

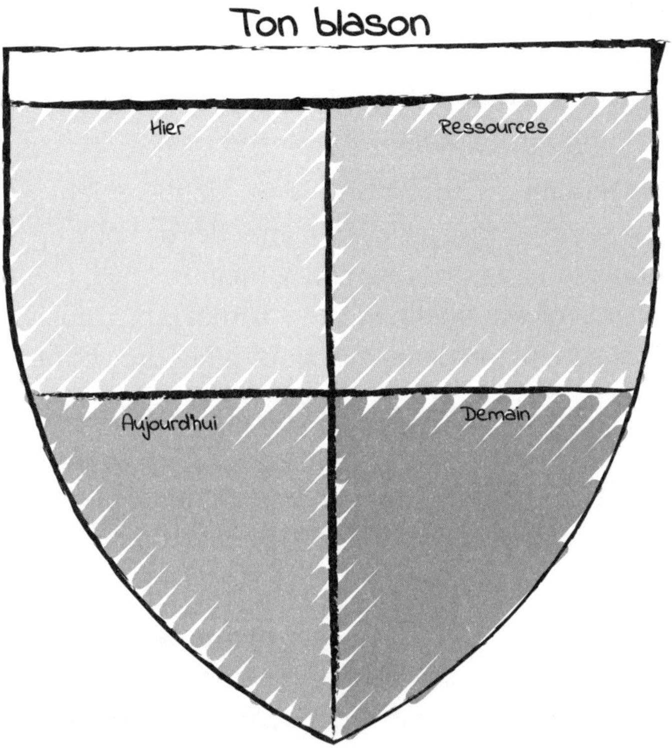

La plupart du temps, le blason des personnes avec lesquelles je travaille comporte cinq catégories.

1/ **Valeurs et citations** : en tête, marquez une ou deux valeurs importantes pour vous (liberté, courage, honnêteté, humilité…), voire une citation.

2/ **Hier** : Notez ici les étapes principales de votre parcours. Les personnes qui ont joué un rôle dans celui-ci. Des traits de votre personnalité, des qualités qui vous caractérisent.

3/ **Aujourd'hui** : Écrivez dans cette partie ce qui compte pour vous, vos objectifs, votre plus grand rêve, une croyance aidante.

4/ **Ressources** : Vos compétences, vos expériences spécifiques, vos talents, vos alliés. Vous est-il arrivé un événement hors du commun qui vous apporte de la force aujourd'hui ? Notez toutes vos richesses.

5/ **Demain** : Cette rubrique est délibérément tournée vers l'avenir. Indiquez ici les éléments clés de votre épanouissement personnel à préserver ou à intégrer. Quelle sera votre évolution professionnelle idéale ? **Important** : notez également vos actions préparatoires pour atteindre ces objectifs.

6/ **Personnage/symbole/animal totem** : Parfois, certains aiment illustrer davantage leur blason. Ainsi, à l'intersection des quatre rubriques précédentes, ils ajoutent parfois un cercle dans lequel se loge un symbole, un animal totem, etc.

Prenez papier, crayons, marqueurs, images, paillettes (pourquoi pas ?) et vous aussi créez votre propre blason. Remettez de la valeur dans votre parcours, vos spécificités. Mettez en lumière vos atouts, vos projets et gardez ce blason près des yeux et donc près de Fernand, cela le rassurera.

La suite de la scolarité de Léa s'est très bien déroulée. Aux dernières nouvelles, elle est une ingénieure épanouie et compétente.

QUELLE EST VOTRE STATUE ? L'EFFET PYGMALION

« Ça fait longtemps que nous n'avons pas joué devant du public. J'appréhende que le public me hue. En plus il y aura mes enfants dans le stade. Ce serait terrible de me faire insulter, conspuer devant eux. J'en perdrais complètement mes moyens. »

Voici, dans les grandes lignes, les propos tenus en début de séance par un footballeur professionnel (Paul ? ça vous va ?) avec lequel je collabore. Fernand a pris la caméra en mode réalisateur de haut vol et Paul est son acteur. Le duo bat son plein. Le plat du stress mijote à feu doux.

Le joueur va ainsi caler ses comportements réels pendant le match sur le scénario qu'il a élaboré, avec l'aide de Fernand, en amont. Chaque signe perçu pouvant valider le scénario sera pris à bras-le-corps. Par exemple, s'il rate sa première intervention et qu'il a l'impression d'entendre un soupir dans le stade, il est possible que son discours interne soit alors : « *Ça y est, ça commence ! J'en étais sûr.* » C'est le principe de l'effet Pygmalion. À force de sculpter chaque jour un peu plus sa statue à la perfection jusqu'à en tomber amoureux, Pygmalion a eu la joie de la voir s'animer.

L'effet Pygmalion, que l'on nomme souvent « prophétie autoréalisatrice », a été étudié et prouvé à de nombreuses reprises[4].

Selon Merton, « *la prédiction créatrice débute par une définition fausse de la situation, provoquant un comportement*

---

4. Dans le milieu de l'éducation : « *Si l'on annonce à des enseignants que tels et tels élèves ont de grandes capacités intellectuelles, il y a toutes les chances pour qu'ils obtiennent d'eux d'excellents résultats. (...) Ces enseignants vont s'adresser à ces élèves d'une manière différente, avec une attitude particulièrement bienveillante susceptible de les mettre en confiance, en soutenant leurs efforts et en mettant leurs difficultés ou leurs échecs sur le compte d'une faiblesse passagère facilement rattrapable* », Meirieu, 1996. Dans le milieu du sport : Ross *et al.* (2015, *Effects of an Injected Placebo on Endurance Running Performance*) montrent qu'en faisant croire à des sportifs qu'on les dope dans le cadre d'une étude, cela améliore leur performance. Dans le milieu de la médecine : effet placebo.

nouveau qui rend vraie la conception, fausse à l'origine[5] ». Il s'est lui-même appuyé sur le théorème de William Thomas, l'un des fondateurs de l'école de Chicago qui disait : « *Quand les hommes considèrent certaines situations comme réelles, elles sont réelles dans leurs conséquences*[6]. »

Nos convictions anticipées d'une situation conditionnent donc nos comportements, augmentant ainsi les probabilités que la situation imaginée se réalise. La fiction devient possible.

Plus jeune, j'ai été très sensible à ce type de projections. Bien entendu, je n'en avais aucune conscience sur le moment. Je me synchronisais sur les représentations que les profs avaient de moi, un peu comme une pâte à modeler. J'étais ainsi un élève modèle dans le cours de Mme Rouquette, ma prof d'EPS et prof principale de sixième. Très tôt, elle a posé un regard bienveillant et plein d'estime sur le jeune collégien que j'étais. Indéniablement, c'est elle qui m'a motivé pour devenir délégué de classe, m'investir à l'UNSS et d'une certaine façon, son regard sur moi, comme celui de mon papa, un temps éducateur sportif, a contribué à mon choix de devenir, des années plus tard prof d'EPS – effet Pygmalion. Ma prof de SVT ou d'autres, de français, ne portaient pas du tout le même regard sur moi et je le leur rendais bien. Leurs comportements, comme les miens, se synchronisaient en grande partie avec leurs attentes, leurs prédictions : effet Pygmalion. À cette époque, je n'avais pas les outils pour m'en extraire, pour m'émanciper.

---

5. Merton R. K., *Éléments de méthode sociologique*, Paris, Plon, (1953 [1949]), p. 173.
6. Merton R. K., « The Thomas Theorem and the Matthew Effect », *Social Forces*, vol. 74, n° 2, 1995, p. 379-422.

J'ai cependant eu très tôt conscience du fait que la perception était toujours subjective. Enfant métis d'une maman drômoise et d'un papa martiniquais, né le dernier mois des années 1970, il était évident que je n'étais pas perçu de la même façon selon que nous nous trouvions d'un côté ou de l'autre de l'océan. Le point de vue de « qui j'étais » pouvait être très différent entre un cousin paysan de ma maman cultivant le maïs et le tabac à une heure de Lyon et un cousin de mon papa, paysan également, cultivant la banane au nord de la Martinique. Je me sentais très à l'aise dans ces deux univers, simplement, cela a forgé en moi la conviction de l'importance de la relativité, de la nuance, de l'ouverture d'esprit, des projections que les autres se font de nous et que nous nous faisons de nous-mêmes[7]. Autant d'éléments qui me sont utiles aujourd'hui dans mon métier.

Et vous ? Comment êtes-vous perçu par votre entourage ? À quel moment vous conformez-vous le plus aux projections que l'on fait sur vous ? Il est capital d'avoir conscience de la puissance des projections, de la force de notre environnement humain sur nous. Jim Rohn l'écrit : *« Vous êtes la moyenne des cinq personnes que vous fréquentez le plus ! »* Cela doit, là aussi, nous inviter à l'humilité et à la prise de recul. Ce qui nous arrive, réussites comme échecs, ne dépend pas uniquement de nous. Il faut être lucide sur ce point. Je me souviens du soulagement exprimé par un joueur de foot qui avait pris conscience, lors d'une séance, qu'il était normal qu'il soit miné et moins performant : son club avait de mauvais résultats, l'ambiance l'était tout autant, et l'entourage mais aussi

7. Ça fait beaucoup de « nous » ! ☺

eux-mêmes mettaient beaucoup de pression. Heureusement, nous ne sommes pas hermétiques aux autres et la solution n'est pas toujours individuelle. Si je dois choisir, je préfère le développement collectif au développement personnel. Toutefois, que ce soit dans le milieu sportif, entrepreneurial ou personnel, je fais le choix d'agir au mieux auprès des individus plutôt que de rester à l'extérieur critiquant le système.

Outil – La visualisation : mobilisez votre VAKOG

Revenons à présent à notre échange avec Paul, à quelques jours du match. Le délai étant plus court que pour Léa et connaissant mieux la personne, j'ai complété la séance par de l'imagerie mentale, que l'on nomme parfois « visualisation ». Nous avons tous recours à l'imagerie mentale, bien souvent de manière spontanée et empirique. Vous savez, lorsque vous pensez à vos dernières vacances avec nostalgie ou lorsque, fébrile, vous vous projetez vers votre prochain réveillon de Noël dans la belle-famille ou la prochaine prise de parole en public. Vous voyez ? L'imagerie peut donc s'appuyer sur des événements passés ou futurs, comme le fait Paul lorsqu'il imagine son match à venir virant au cauchemar. On parle alors d'**imagerie de futurisation** ou d'**anticipation**, un peu comme le stress du même nom. Attention tout de même aux termes trompeurs d'« imagerie » ou de « visualisation ». Cette expérience symbolique peut tout à fait stimuler les autres canaux sensoriels. Avec très peu d'efforts, je peux me souvenir par exemple des caresses « amicales » sur ma nuque de notre professeur de mathématiques de cinquième disant, avec l'accent du Sud-Est : « Le Homat y va avoir la bulle s'il continue comme ça ! » Dans ce cas précisément, les canaux kinesthésiques et auditifs sont activés dans mon imagerie mentale (d'une autre époque, je l'espère !).

ZOOM – LE VAKOG

L'imagerie mentale ne se limite pas, contrairement à son nom, à la seule « image ». Elle mobilise en fait nos cinq sens, on parle de VAKOG (vue, audition, kinesthésie, olfaction, goût). Certaines personnes ont des facilités pour mobiliser un ou deux sens en particulier et de la difficulté pour d'autres.

La visualisation est certes un outil merveilleux, mais quand elle est spontanée, avant une situation à enjeu, c'est bien souvent Fernand qui en est le metteur en scène. Cela peut présenter l'avantage de nous rendre vigilants à des points pertinents, toutefois, gare alors à la prophétie autoréalisatrice si l'on part dans un film cataclysmique, qui créerait ce que l'on souhaiterait éviter.

Dans le cas de Paul, nous avons **décortiqué** son scénario catastrophe. Reconnaître et exprimer pleinement ses appréhensions est salutaire, cela peut permettre de les observer, les analyser, les nuancer… et dans certains cas… les atomiser ! Si si ! Nous avons ensuite revu quelles étaient les **ressources** dont il disposait pour faire face. L'ambition de l'exercice n'est surtout pas d'imaginer que tout sera parfait comme dans un mauvais film, mais plutôt de voir de quelle manière on pourra s'adapter sereinement aux difficultés éventuelles et saisir sa chance quand celle-ci se présentera. On peut lister des pensées, des émotions, des attitudes, qui nous aideront le jour J, y compris dans la difficulté.

Vous l'avez compris, après avoir vu comment réduire l'enjeu, nous mettons à présent le focus sur la perception de notre **capacité d'adaptation**.

Ainsi, alors qu'à l'issue d'une imagerie mentale spontanée, notre discours interne sera parfois : « *Oh, mon Dieu, si mon collègue me contredit comme la dernière fois lors de la réunion, je ne saurais pas quoi répondre* », ou encore : « *Si je rate ma première action avec le ballon alors je me "cacherais" sur le terrain afin que mes coéquipiers n'arrivent pas trop à me faire la passe. Ainsi, les supporters pourront moins me huer.* »

À l'issue d'une imagerie mentale préparée, le discours interne sera plutôt : « *Je suis au clair avec mes ressources, j'ai identifié les principales difficultés à venir, notamment vis-à-vis de ce collègue qui aime me contredire en réunion. J'ai plusieurs moyens d'y répondre* », ou encore : « *Je sais que je ne vais pas tout réussir pendant le match, c'est OK. J'ai tout de même la capacité de rester lucide et concentré sur mes points forts. Ma persévérance et ma créativité peuvent grandement perturber mes adversaires, aider mes coéquipiers et plaire à nos supporters. Je serai fier de montrer à mes enfants que, même dans la difficulté, je continue d'essayer (et parfois de réussir). C'est une valeur importante pour moi qui développe mon estime, car oui, j'ai un blason*[8] *!* »

Ce travail interne permet de modifier complètement la prophétie autoréalisatrice que l'on se raconte avant l'événement. Le propos n'est surtout pas de dire qu'il suffit d'imaginer pour que la situation évolue. Cependant, de

8. J'avais envie de mettre cette dernière partie de phrase. Si ça fait *too much*, vous pouvez la rayer.

manière empirique comme scientifique, vous connaissez à présent l'impact que peuvent avoir ces prophéties sur nos attitudes et le dénouement des situations dans lesquelles nous sommes engagés. Cela montre bien que nous n'avons pas d'accès direct à la réalité.

Pour la petite histoire, Paul avait raison sur un seul point : il est sorti en cours de match. Pour le reste, sa disponibilité dans le jeu sans se soucier de l'enjeu, élément favorable, lui a permis de réaliser une très belle prestation validée par un but et une passe décisive. Son nom a été scandé dans le stade. C'est un footballeur et un papa fier qui a rejoint le banc. La prophétie autoréalisatrice travaillée en séance s'était réalisée.

À votre tour d'écrire le scénario mettant en lumière votre richesse et de passer derrière la caméra. Entraînez votre cerveau à imaginer différents scénarios et surtout à mobiliser vos ressources !

Je vous propose plusieurs exercices d'imagerie mentale.

J'ai fait le choix de vous présenter les outils d'imagerie mentale de manière auditive.

Pour chaque outil, vous serez amené à flasher le QR code qui se trouve à la page 24. Il vous permet d'arriver sur la page dédiée. Dans un premier temps, je vous conseille de réaliser les exercices dans l'ordre présenté.

- Initiation

Le citron

A / Dans un lieu calme, seul, assis ou debout, lancez la bande-son : Le citron.

B / Quelle est votre évaluation VAKOG ? Complétez la première colonne pour chaque sens en vous attribuant une note de 0 à 5. Au fil du temps, il vous sera de plus en plus facile de procéder à cette évaluation.

Autoévaluation imagerie mentale					
Sens	Note sur 5 (0 = rien ; 5 = semble réel)				
V (ce que j'ai vu, formes, couleurs, mouvements					
A (ce que j'ai entendu)					
K (ce que j'ai ressenti physiquement, marche, contact avec une matière					
O (ce que j'ai senti)					
G (ce que j'ai goûté)					

Remarque : selon l'imagerie, tous les sens ne sont pas forcément sollicités. En l'occurrence, celle du citron permet de tous les mobiliser. Les cinq colonnes vous permettent de refaire plusieurs fois cette imagerie mentale et de voir s'il y a, au fil des jours, une évolution. Gardez à l'esprit que l'imagerie mentale est une habileté qui s'entraîne.

Le parcours

A/ Avant le début de cette imagerie particulière, préparez-vous une boisson ou une bouchée d'en-cas !

B/ Lancez le parcours et… laissez-vous guider !

C/ Procédez à votre évaluation VAKOG.

Autoévaluation imagerie mentale					
Sens	Note sur 5 (0 = rien ; 5 = semble réel)				
V (ce que j'ai vu, formes, couleurs, mouvements					
A (ce que j'ai entendu)					
K (ce que j'ai ressenti physiquement, marche, contact avec une matière					
O (ce que j'ai senti)					
G (ce que j'ai goûté)					

Ces deux premières imageries mentales ont pour objectif de vous initier puis de vous familiariser à des visualisations guidées. Elles entraînent votre cerveau à produire des images mentales volontaires en recrutant différents sens.

- En lien avec la clé

Les imageries suivantes vont répondre directement à l'objectif de cette deuxième clé qui est : éclairez vos points forts !

Imagerie de cheminement

Vous avez un objectif important dans quelques jours ou semaines et Fernand ne cesse de vous chuchoter à l'oreille.

1/ Gardez à l'esprit que s'il ne fait que chuchoter, il peut vous être utile, vous aider à être vigilant par exemple.

2/ Faites tout de même quelques imageries de cheminement.

A/ Remplissez le tableau.

Imagerie de cheminement
Quel est mon objectif ?
De quelle ressource principale ai-je besoin ?
Quand ai-je déjà utilisé cette ressource ? (donnez le maximum de détails VAKOG) Souvenir 1 Souvenir 2 Souvenir 3 etc.

B/ Installez-vous dans un lieu calme. Sur un axe passé/futur. Placez trois éléments, espacés d'un pas ou deux, symbolisant chacun un souvenir, du plus lointain au plus récent. Deux mètres plus loin, placez un objet symbolisant aujourd'hui et un dernier, représentant votre objectif final.

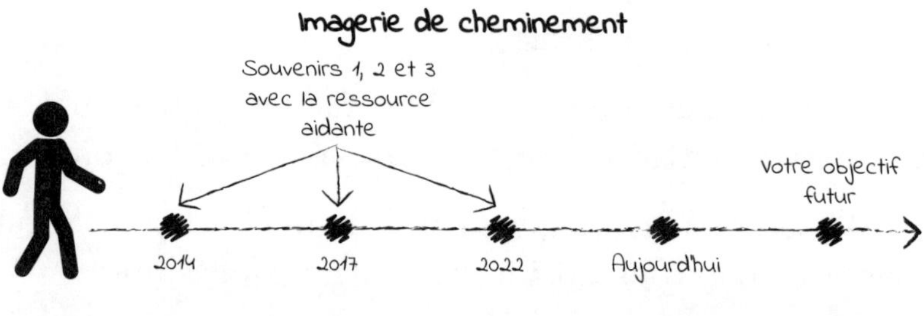

C/ Placez-vous 50 centimètres derrière le souvenir le plus lointain et lancez l'audio « Imagerie de cheminement ». C'est parti pour quelques minutes de visualisation.

D/ Comment vous sentez-vous ?

Bien entendu, vous pouvez, si vous le souhaitez, utiliser le tableau pour évaluer votre imagerie mentale. Pour autant, il est capital d'éclairer l'évolution de votre confiance. Le fait d'avoir revécu plusieurs fois des souvenirs dans lesquels vous avez su mobiliser une ressource importante pour vous à ce moment vous permet normalement de vous projeter plus facilement avec cette même ressource dans votre objectif futur. En éclairant vos points forts, vous rassurez Fernand.

Mon double réussi

L'imagerie suivante sera une imagerie dissociée. C'est-à-dire que vous observerez votre double en train d'atteindre votre objectif. Prêt à tenter l'expérience ?

A/ Identifiez clairement l'objectif visé et les ressources à mobiliser, comme les deux premières questions du tableau précédent de l'imagerie de cheminement.

Notez ici l'objectif :

Notez ici les ressources principales :

B/ Lancez l'audio « Mon double réussi ».

C/ Qu'avez-vous appris en faisant cette imagerie ?

....

....

....

D/ Quelle a été la surprise à la fin de la visualisation ?

....

....

....

....

E/ Qu'allez-vous mettre en place dans les prochains jours pour vous rapprocher de cette visualisation ?

....

....

....

....

....

À retenir

Nous n'avons pas une perception juste de nos ressources.

Vous habituer à mettre en lumière vos capacités développe votre confiance.

L'entourage relationnel influence la confiance, entourez-vous de personnes positives, qui vous accompagneront dans vos projets.

Les représentations mentales influencent le quotidien car elles conditionnent les réactions.

“ Je porte mon blason en bandoulière.

Devant moi s'ouvrent mes possibles.

Grâce aux miens, plus confiant qu'hier,

J'avance dans une sérénité perceptible. ”

CLÉ 3

LE RÉSULTAT NE VOUS APPARTIENT PAS

« Avec des objectifs élevés,
l'échec peut être glorieux. »
Bruce Lee

☺ : Vous vous centrez sur ce qui dépend directement de vous : le processus et la performance. Les moyens sont clairement identifiés.

☹ : Vous êtes majoritairement orienté sur les résultats. Cela peut être une source de motivation mais aussi de découragement. Le « comment » n'est pas clairement identifié.

> Printemps 2017
>
> Quelques jours après mon premier passage sur une chaîne de télé nous prenons un verre avec quelques voisins. L'ambiance est bon enfant mais devient d'un coup plus sérieuse lorsque l'un d'eux, entre deux poignées de chips, dit : « Je t'ai vu l'autre soir en direct. »

Petit silence, puis une autre personne s'exclame : « Je serais incapable de faire ça. » Vous reconnaissez, je pense, le ton mesuré de Fernand, toujours enclin à nous surprotéger « pour notre bien ».

« Ce doit être un de ces stress ! » poursuit un troisième.

Ce qui est stressant, nous l'avons vu, c'est de se retrouver dans une situation dont l'issue compte pour nous et vis-à-vis de laquelle nous doutons de nos ressources. Accaparés par l'enjeu, écoutant un peu trop Fernand, il nous arrive d'être « tétanisés ».

Imaginez la réponse des 3 personnes suivantes à la question : quel est votre objectif ?

• Une sportive voulant à tout prix se qualifier pour les prochains championnats d'Europe.

• Un entrepreneur voulant (à tout prix aussi, sinon ce n'est pas drôle) qu'un prospect devienne client en choisissant son devis.

• Des parents voulant (à tout prix, vous l'avez compris) que leur enfant ait une bonne situation plus tard.

Vous conviendrez que ces circonstances ne sont pas farfelues. Je vois quotidiennement des objectifs analogues dans mon métier de préparateur mental et c'est normal, mais pas toujours efficace !

C'est normal car nous avons une propension à être orientés sur le résultat de nos actions comme : « Si je fais tel effort, aurais-je telle récompense ? »

C'est inefficace parfois car, bien que potentiellement motivant, le résultat de nos actions dépend rarement uniquement de nos actions ! Nous avons donc tendance à nous fixer des objectifs en nous fondant sur des éléments qui ne dépendent pas uniquement de nous et qui sont en grande partie hors de notre contrôle. Pour reprendre une sémantique de prof d'EPS, nous sommes plus orientés par les critères de réussite que par les critères de réalisation.

Se qualifier pour les prochains championnats d'Europe, signer un nouveau client ou voir son enfant « réussir » peuvent être des objectifs attrayants mais qui intègrent de nombreuses variables sur lesquelles nous n'avons aucun contrôle.

L'athlète ne pourra par exemple se qualifier pour les championnats d'Europe que si les personnes qui concourent au niveau national sont moins performantes qu'elle, ou qu'il n'existe pas plus de deux filles plus performantes qu'elle en France. Son objectif dépend donc directement d'autres personnes dont elle ne maîtrise pas le niveau. *Idem* pour l'entrepreneur qui ne contrôle pas les procédés et les tarifications des autres entreprises de son secteur. Se fixer uniquement sur le résultat peut être motivant comme inhibant. Je l'ai vécu il y a quelques années avec une athlète en équipe de France. Comme cela arrive bien souvent dans de nombreuses disciplines, elle devait, en plus de sa carrière sportive, gérer ses études. Ce double projet l'empêcha de participer à un stage d'athlétisme dédié aux sportives de sa catégorie et de son niveau. Son Fernand commençait à se faire de plus en plus entendre au fur et à mesure que les athlètes présentes au stage publiaient des photos sur les réseaux sociaux montrant à quel point elles s'entraînaient. Cela la paralysa et la détourna de ses propres ressources.

> « Je n'ai pas trop le moral !
>
> – Pourquoi ? demandai-je
>
> – Parce que je vois que les filles n'arrêtent pas de s'entraîner pendant le stage, alors que je suis "ici" et que je dois aller à certains cours. »

Il est facilement compréhensible que cela puisse miner le moral de certaines personnes, quand d'autres trouveront dans la même situation un levier motivationnel. Leur ROC sera différent. Quoi qu'il en soit, l'organisation de ce stage était hors de son contrôle. Dans le même temps, il nous est toujours possible de trouver des avantages à notre situation, en faisant un soleil par exemple (cf. la restructuration cognitive) ! Dans notre cas, à l'issue de la séance, nous avons pu mettre en avant plusieurs éléments positifs :

– pas de perte de temps et d'énergie dans le voyage ;

– les cours permettent une aération vis-à-vis de l'athlétisme ;

– ses études lui plaisent et lui apportent un épanouissement différent ;

– l'athlétisme offre une dépense d'énergie salutaire pour les cours ;

– le double projet réduit l'enjeu et donc le stress potentiel lié à ces deux activités ;

– elle peut avancer « masquée » vis-à-vis des athlètes présentes au stage.

LES OBJECTIFS MULTIPLES

Imaginez une fête scolaire, au printemps, servant, entre autres, à récolter des fonds pour le voyage du mois de juin. Les enfants sont invités, lors d'un cours, à préparer des gâteaux qui seront vendus lors de la fête.

Il est possible que certains aient pour objectif d'avoir le meilleur gâteau de la fête ou d'être celui ou celle dont le gâteau rapportera le plus d'argent. Nous sommes ici dans un objectif de résultat. Il ne sera possible de savoir si l'objectif est atteint qu'après avoir réalisé la fête, compté les sous, et cela dépendra grandement de la qualité des autres gâteaux. Fernand aura de nombreuses choses à nous dire !

Certains enfants auront en tête l'objectif de faire un « bon gâteau » selon leurs propres critères. Ils sauront si leur objectif est atteint dès la fin de la réalisation du gâteau, ou peut-être à la première bouchée. Dans tous les cas, ils ne sont pas, à ce moment-là, dans une comparaison, voire une compétition. Ils jugent leur performance culinaire sans se soucier de son résultat. Comme si un athlète, au lieu de dire : « Je veux me qualifier aux prochains championnats d'Europe », disait : « Je veux courir 100 mètres en moins de 11" 5. »

Enfin, d'autres camarades auront pour objectif de bien suivre la recette qu'on leur a donnée. Ils sauront s'ils ont atteint leur objectif juste avant la cuisson, en mettant les bons ingrédients et dosages.

Nous voyons ici, avec cette métaphore du gâteau, **trois types d'objectifs**. Les **objectifs de résultat**, ceux **de performance** et enfin ceux **de processus**. Il y a plusieurs avantages à opter pour l'utilisation de ces trois types d'objectifs lorsque l'on souhaite mettre toutes les chances de son côté.

Le premier avantage est de ne pas avoir comme seule lecture de la situation le résultat. Certes, je ne nie pas qu'il est fréquent de s'évaluer uniquement sous le prisme du résultat. Cela se vérifie dans différents domaines de notre vie, scolaire, entrepreneuriale, sportive et peut avoir tendance à faire de nous une société essentialiste avec des « *loosers* » et des « *winners* », comme il existe des essences d'arbres. Que reste-t-il à une personne qui est dernière de sa course et qui n'analyse la situation qu'à travers son résultat ? Ce qui nous arrive n'est-il pas plus nuancé, plus complexe que juste « gagner » ou « perdre » ?

Quelle image aurais-je eue de moi si je n'avais tenu compte que de « mes » résultats entre 2012 et 2014, à l'époque où de nombreux directeurs sportifs, agents, entraîneurs, m'écoutaient poliment sans jamais donner suite ? Pour tout vous dire, j'arrivais la plupart du temps satisfait de mes objectifs de processus. Je savais avec qui j'allais m'entretenir, je connaissais le contexte, j'avais préparé ma présentation en essayant de l'adapter et en l'améliorant par rapport à l'entretien précédent. J'avais fait au mieux pour suivre ma recette de gâteau. **J'avais agi sur ce que je pouvais contrôler.**

Je repartais chaque fois de ces rendez-vous en évaluant mes objectifs de performance (« Ai-je pu présenter mon activité comme je le souhaitais ? Ai-je pu répondre à ses questions ? Me suis-je amélioré par rapport à la fois précédente ? » En d'autres mots : « Est-ce que j'ai trouvé que mon gâteau était bon ? » J'étais heureux d'avoir l'occasion de m'améliorer tel un champion homonyme[1] (seulement le prénom, ça compte ?) Pour autant, le résultat de ces actions était toujours proche : aucune suite ou une réponse négative.

Ainsi, en ne me fixant que sur le résultat, j'aurais été stressé. Fernand m'aurait miné : *« Pourquoi te diraient-ils ? oui ? Tu n'as aucune expérience ! Tu vas encore te ramasser. »*

Et puis, j'aurais abandonné. Il est certain qu'être motivé pour réussir est nécessaire, mais je pense qu'il est tout aussi important de réussir pour être motivé. Si je ne m'étais fondé que sur le résultat, la situation aurait été vécue comme un échec complet. Là, en ayant conscience dans ma grille de lecture d'avoir atteint mes objectifs de processus (*« C'est peut-être un détail pour vous mais pour moi ça veut dire beaucoup »*, comme disait France Gall), je pouvais en tirer une satisfaction, voire de l'estime. Mettre en lumière l'amélioration de mon niveau de performance, indépendamment d'un résultat qui ne m'appartenait pas, a aussi été un moyen de persévérer, de relativiser, de nuancer, de voir ce que j'avais réussi.

En ayant conscience de mes ressources et de leur amélioration et en portant mon attention sur ce que je maîtrisais, je réduisais grandement le volume sonore de Fernand, qui ne nous parle jamais tant que lorsqu'il pense que nous ne maîtrisons pas les choses. Typiquement, c'est ce que je ne savais pas faire sur les terrains de tennis lorsque adolescent,

1. Rafael Nadal dans un quotidien : *« Pour moi, chaque match est avant tout une occasion de m'entraîner sur différents secteurs. Je joue beaucoup entre les matchs. Je prends aussi chaque échauffement comme un autre entraînement et pas juste une mise en route. À Pékin, la semaine dernière, je passais plus d'une heure sur le cours juste avant chaque tour. En fait, chaque instant me sert de préparation à la saison prochaine. »* Les objectifs de processus et de performance sont très clairement mis en avant.

en compétition, j'en venais à me focaliser uniquement sur le résultat. Plus tard, jeune préparateur mental, je persévérais dans la même mauvaise direction en voulant prouver à « mes préparés » qu'ils avaient fait le bon choix en décidant de travailler avec moi. Je les abreuvais d'outils à chaque séance qui servaient, je dois l'admettre sans fierté, bien autant à faire taire Fernand qu'ils ne leur étaient utiles.

FIXEZ-VOUS DES OBJECTIFS

Imaginez, nous sommes dans deux mois[2].

Vous êtes dans une situation stressante. Vous devez par exemple parler en public dans quelques semaines et devez convaincre votre auditoire[3]. Quelques mois en arrière, dans une situation similaire, vous vous seriez laissé embarquer par le monologue de Fernand, ses certitudes, son manque de nuance, sa propension à surligner tout ce qui dysfonctionne et vous éloigne du résultat voulu, à savoir : convaincre un auditoire. Vous auriez senti, sans pouvoir les contrôler, les symptômes physiques du stress, l'élévation de votre balançoire : crispation musculaire, hausse de votre fréquence cardiaque, rougeurs…

Là, très vite, vous arrivez à reprendre le contrôle. Pour certains ce sera en réduisant immédiatement l'enjeu, pour d'autres ce sera en utilisant des techniques de respiration ou de visualisation, ou encore en détendant leurs muscles

2. Donc vous êtes arrivé au bout de ce livre et maîtrisez pleinement les principes de préparation mentale évoqués ! (Si si, vous verrez !)
3. Le contexte peut être personnel, professionnel, associatif… peu importe.

et en orientant leur langage corporel[4]. Dans tous les cas, ce sera grâce à une fixation pertinente d'objectifs que vous aurez davantage de contrôle, et donc de pouvoir. Vous aurez identifié les processus vous permettant d'améliorer votre performance (comprendre ici votre comportement, vos critères de réalisation), ce qui vous donnera plus de chances d'atteindre votre objectif de résultat.

Des objectifs bien définis permettent ainsi :

– une **focalisation de l'attention**. Votre mental va naturellement être attentif aux situations dans lesquelles il est possible d'atteindre votre objectif. En ayant par exemple comme objectif de « prendre une heure pour moi, en mode avion, avant mes visioconférences du vendredi à 10 heures », vous serez naturellement orienté vers l'atteinte de cet objectif les vendredis à 9 heures. Un objectif de processus peut aussi être : « Arriver 30 minutes avant ma prise de parole devant l'auditoire. Cela me permet d'être tranquille, de prendre connaissance des lieux et d'avoir encore quelques minutes pour pratiquer ma technique de respiration préférée. » ;

– une **incitation à l'effort** aujourd'hui et demain : pour qu'il y ait un objectif, il faut qu'il y ait une projection dans le futur avec un « moi » différent. Un souhait de combler l'écart entre « l'état présent » et « l'état futur ». Si les étapes et la temporalité qui nous séparent de ces deux états sont claires, alors nous construisons les conditions favorables pour passer à l'action et persévérer. Exemple : « En parlant régulièrement à des petits groupes, je me

4. Ces pistes sont présentées dans les différentes clés.

sens de plus en plus sereine dans cette situation. Je me rapproche de mon "état désiré" à savoir : parler lors de l'événement national de mon entreprise. Je souhaite poursuivre dans cette direction. »

– le développement de **nouvelles compétences** : en étant attentif et en passant à l'action dans le temps, nous apprenons forcément. Ainsi, les objectifs favorisent nos apprentissages et augmentent dans le temps notre sentiment de compétence. Exemple : *« Améliorer ma gestion du stress en prenant des cours de théâtre. Je m'aperçois que j'ai amélioré ma diction et ma mémorisation. C'est top ! »*

LE SAVIEZ-VOUS ?

Vous adonner à votre passion réduit votre niveau de stress ! Préserver du temps pour assouvir votre passion est un très bon « investissement » pour votre santé et faire taire Fernand ! Quelques autres pistes à explorer : l'exercice physique, les interactions sociales (pourquoi pas en lien avec votre passion).

Voyons ce que cela pourrait donner en prenant l'objectif de résultat « convaincre mon auditoire dans quatre mois lors de telle échéance importante ».

objectif de processus (jusqu'au jour J et le jour J)	Identifier clairement les points que je souhaite aborder. M'inscrire dans une association de théâtre ou de slam. Pratiquer quatre fois par semaine mes exercices de respiration. Préparer des notes lisibles et répéter la veille. Le jour J, arriver 30 minutes avant et pratiquer mes respirations.

objectif de performance (le jour J)	Parler à haute et intelligible voix. Sourire et m'amuser un peu (je connais mon texte, mes arguments, je peux en jouer). Être ancré au sol, avoir les pieds stables (ne pas me balancer comme un éléphant !). Répondre aux questions en prenant le temps.
objectif de résultat (le jour J)	L'auditoire est convaincu !!

Nous voyons ici que le tableau nous apporte une lecture plus fine de la situation et des différents objectifs. Il permet de clarifier les processus à mettre en œuvre. Là où, instinctivement, de nombreuses personnes se focalisent uniquement sur le critère de réussite – convaincre (ce qui réveille Fernand) –, ce travail permet de se focaliser sur ce que nous maîtrisons et il y a déjà beaucoup à faire. Je ne sais pas si l'image vous parlera, mais voyez l'objectif de résultat comme un 100 %, un tout. Or vous ne maîtrisez pas le 100 % de cette relation. Centrez-vous pleinement sur les 50 % qui dépendent de vous : la focalisation de l'attention, la persévérance et la progression dans la mise en place de conditions favorisant la réalisation de l'objectif de performance. Quant à l'objectif de résultat… il ne vous appartient pas ! Vous le découvrirez très bientôt… votre prise de parole se termine dans un instant !

ET LA SPONTANÉITÉ DANS TOUT ÇA ?

« Comment ? Il faudrait même planifier la fréquence à laquelle des parents encourageraient leur enfant ? C'est absurde ! Nous planifions déjà tellement de choses dans notre vie professionnelle que nous n'allons pas nous y mettre aussi dans notre vie personnelle ! » Voici la réaction d'un entrepreneur qui me confia lors d'une séance être soucieux de la réussite scolaire de ses enfants.

Je pourrais tout à fait comprendre que vous ayez ce type de réaction, surtout si vous êtes une personne naturellement empathique et expressive. Ainsi vous reconnaissez facilement les efforts faits et vous savez exprimer votre bienveillance. Vous n'avez pas besoin d'objectif de processus en ce sens. Ce n'est pas le cas de tout le monde et nous venons de voir l'intérêt de fixer des objectifs sur l'orientation de l'attention. En étant attentif à un processus (quel qu'il soit), nous allons progresser et développer de nouvelles compétences et habitudes, nous l'avons vu.

> Il y a quelques jours, j'ai eu une discussion avec une entrepreneure que j'ai la chance d'accompagner. Elle m'expliquait à quel point elle était dans une période charnière de son développement entrepreneurial. La gestion de ses deux sociétés, de ses salariés, stagiaires, partenaires, clients (présents sur différents continents donc travaillant à des heures différentes) et prospects ne lui laissait plus de temps pour elle. Elle me montra son agenda de la dernière semaine et de celle à venir en disant : « Tu vois, je n'ai pas un moment pour moi ! » En effet, elle avait même des rendez-vous après 23 heures certains jours.

> Elle poursuivit : « Ça va être compliqué encore pendant quelques jours, ensuite Daphné va rentrer de ses congés et pourra me soulager quelques demi-journées dans la semaine. Je pourrai ainsi en profiter pour… » Honnêtement et sans doute naïvement, je pensais qu'elle allait me dire « pour souffler un peu » ou encore « prendre du temps pour moi, faire du yoga », activité qu'elle m'a dit apprécier. Vous l'avez compris, je me suis trompé. Elle poursuivit : « Je pourrais ainsi en profiter pour me centrer davantage sur ma deuxième entreprise, rattraper mon retard car je la délaisse un peu ces temps-ci. » Et le repos dans tout ça ?

Nous admirons parfois les exploits réalisés par les sportifs professionnels. Ils sont encore vus comme des « demi-dieux », des exemples. Sans vouloir briser aucun rêve, je dois préciser qu'ils intègrent pleinement le repos dans le processus de performance ! Oui, ils dorment et se régénèrent. De plus, ils ont une vision très claire de la ligne d'arrivée. Ils savent quand l'effort peut être coupé pour un temps.

Bien entendu, nos vies professionnelles et personnelles, sont sujettes aux équilibrages, voire aux déséquilibres ponctuels, parfois volontaires. Le déséquilibre crée du mouvement, de l'avancée et peut être salutaire s'il est maîtrisé dans son amplitude et dans sa durée. Vous vous rappelez mes beaux dessins de balançoire (sinon, rendez-vous p. 20) ? Il est tout à fait possible de vouloir que la balançoire monte très haut à gauche sur une période déterminée, mais cela signifie, selon moi, que nous sommes d'accord et compétents pour que cette même balançoire aille très haut à droite juste après, ou juste avant !

Alors, concrètement, qu'avons-nous mis en place avec cette entrepreneure à l'issue de cette séance ?

1/ Elle a clarifié ses priorités en termes d'importance et de temporalité des tâches. Ainsi, elle a plus délégué dans les semaines suivantes.

2/ Nous avons planifié trois créneaux de yoga par semaine.

Sur le second point, je dois avouer que sa première réaction a été :

« Je ne vais quand même pas planifier mes loisirs dans mon agenda ?! »

– Pourquoi ?

– Je ne sais pas trop, ça ne se fait pas ! Les loisirs, c'est quand tout est terminé !

– Et c'est quand que tout est terminé ?

– … »

L'entrepreneuriat est sans doute comme l'entretien d'une maison : si on le souhaite, il y a toujours à faire… et Fernand adore ça ! Il va se focaliser sur tout ce que nous n'avons pas terminé et qui, en plus, dans le cadre professionnel, est juste à portée de mains, de clics, de PC ou de téléphone : « *Allez, termine cette tâche répond à ce courriel, ton client attend Bon, de toute façon, je t'en reparlerai cette nuit !* »

Alors, oui, ce n'est pas très spontané de recevoir, trois fois par semaine, une notification nous disant que notre créneau yoga, course à pied, lecture… commence dans 30 minutes, mais cela permet de :

– délimiter un temps dédié à cette pratique ;

– acquérir de nouvelles habitudes utiles à notre bien-être physique, mental et parfois social ;

– prendre conscience que ni la Terre ni nos deux sociétés ne s'arrêtent de tourner si nous prenons un temps pour nous ;

– se régénérer et être plus efficient pendant le reste de la journée ;

– avoir un meilleur contrôle émotionnel…

Et vous, dans un cadre similaire, quels avantages verriez-vous au fait de prendre du temps pour vous ?

....

....

....

....

....

....

Faites-le dès cette semaine, vous en sentirez rapidement les bienfaits !

Outil - Soyez SMAART

OK, c'est sympa de voir des exemples d'objectifs mais… c'est quand même bien plus excitant de se focaliser sur ses objectifs à soi, non ?

Lorsque vous vous prêterez à l'exercice, gardez à l'esprit qu'il faut choisir des objectifs SMAART :

Spécifiques, c'est-à-dire le plus précis possible.

Mesurables : Vous savez quand l'objectif est atteint et vous êtes en capacité d'évaluer vos progrès (même les plus petits).

Autodéterminés : Ce sont VOS objectifs (c'est beaucoup mieux). Bien entendu, dans le monde professionnel, il faut parfois s'accommoder d'objectifs qui nous sont donnés. Se les approprier est un plus[5].

Affirmatifs : Affirmez ce que vous voulez plutôt que ce que vous ne voulez pas ! Cela vous paraît sans doute évident, pourtant, il nous arrive fréquemment d'utiliser la forme négative. Lorsque j'étais maître-nageur, j'ai constaté à de nombreuses reprises qu'il était bien plus efficace de dire à un enfant « Marche ! » plutôt que le traditionnel « Ne cours pas ! » sur les bords de piscine glissants. Il en sera de même pour nous entre un « Je ne souhaite plus rougir et bafouiller dès que l'on me pose une question devant du public » et « Je souhaite poser ma respiration et mes mots lorsque l'on me pose une question en public. »

Réalistes : ils sont suffisamment élevés pour vous challenger sans pour autant vous mettre en panique totale. Sinon vous ne vous mettrez pas en action, paralysé par les monologues de Fernand.

5. Un sportif aura par exemple des objectifs fixés par son entraîneur. Cela ne le dispense pas de se fixer les siens à l'intérieur de la séance d'entraînement. La situation peut être analogue dans le monde de l'entreprise.

Temporels : Vos objectifs sont définis dans le temps. On n'a pas toute la vie !

objectif de processus (jusqu'au jour J et le jour J)	
objectif de performance (le jour J)	
objectif de résultat (le jour J)	

Retour d'expérience

Si définir ses objectifs SMAART dans un tableau qui sera visible est sans conteste efficace (je l'ai testé à de nombreuses reprises), ce n'est pas une règle absolue. J'ai en effet vu des séances où ce ne fut pas du tout le cas !

Il est en effet difficile pour certaines personnes de partir d'une feuille blanche pour mettre en place leurs objectifs. Ils n'arrivent pas à définir précisément où se situe la « ligne d'arrivée ». Le tableau ne les inspire pas. Vous vous reconnaissez dans cette description ? Dans ce cas, je vous propose de débuter par un outil que l'on appelle « Walt Disney », il vous aidera à définir vos objectifs en vous faisant endosser différents rôles !

Outil - Walt Disney

1/ Le rêveur

Rêvez ! Dans l'idéal, ce serait comment ? Peu importe le domaine d'application de votre objectif (professionnel, familial, personnel), saisissez une feuille vierge et prenez le temps d'embellir votre rêve. Écrivez des phrases complètes ou simplement des mots ! Comment votre objectif pourrait-il être encore plus beau ?

....

....

....

....

2/ Le réalisateur

Concrètement, quelles actions faut-il mettre en place pour cheminer vers ce rêve ? Quelles sont les différentes étapes ? Changez de couleur de stylo et notez toutes les actions à mettre en place pour réaliser votre objectif rêvé. Listez, découpez toutes ces étapes.

....

....

....

....

3/ Le critique

Qu'est-ce qui pourrait vous empêcher de réussir ? Qu'est-ce qui pourrait dysfonctionner ? Quels obstacles voyez-vous ?

....

....

....

....

4/ Cela vous fait-il modifier les propos du réalisateur ?

....

....

....

....

5/ Définissez vos objectifs SMAART.

....

....

....

....

Pour conclure

Fernand est très sensible aux résultats, au dénouement de nos actions. Il se soucie des conséquences positives comme négatives du résultat de nos actes. Il est donc capital de vous fixer des objectifs en lien direct avec ce que vous maîtrisez. Dans le même temps, il est tout aussi important pour votre santé mentale de savoir faire preuve d'humilité, dans la réussite comme dans l'échec. Or ces deux polarités sont multifactorielles et vous ne maîtrisez pas tous les tenants. Ne vous déclarez pas « *loser* » après un ou plusieurs échecs, vous connaissez l'importance des prophéties autoréalisatrices ! Ayez la force et l'humilité d'analyser les éléments que vous contrôlez et que vous pouvez améliorer la prochaine fois, si cela est votre volonté.

À retenir

Centrez-vous sur ce que vous contrôlez.

Fernand panique lorsqu'il n'y a pas de contrôle dans une situation à enjeu, donc lorsque vous portez votre attention sur ce que vous contrôlez, il se calme.

Les objectifs vous aident à orienter votre attention sur vos apprentissages et vos efforts dans le temps.

Planifiez des moments pour vous, vous êtes votre meilleure ressource.

Adoptez des formules affirmatives pour choisir vos objectifs.

“ Dans les victoires comme les défaites,

J'ai l'humilité de constater,

Que le résultat peut m'échapper.

Processus et performance je garde en tête. ”

CLÉ 4

OÙ ÊTES-VOUS ? ICI, MAINTENANT

« Méfie-toi de ce que tu veux,
Tu risques de l'avoir. »

☺ : Vous savez prendre le temps de vous poser ici et maintenant. C'est une qualité de plus en plus rare ! Bravo !

☹ : Vous avez un « esprit singe » qui passe d'une pensée à l'autre, qui bondit sur le prochain problème ou projet sans profiter du moment présent.

> 3 h 52 un samedi soir de février 2022 (ou devrais-je dire un dimanche matin ?)
>
> Conséquence directe d'un samedi soir à manger un peu trop de pizzas maison recouvertes de bons fromages savoyards, je me réveille en ayant soif et le ventre encore lourd de mes excès de la veille. Je me lève, vais boire un verre d'eau et retourne aussitôt me coucher, serein, prêt à retourner dans les bras de Morphée. Quelques minutes passent…

Fernand : – *Je peux te poser une question ?*

Moi : – *Mmmmh.*

– *Tu dois le rendre quand ton livre ?*

– *... le 2 mai...*

– *Ah ! ça approche à grands pas !!*

– *...*

– *Il t'en reste beaucoup à écrire, il me semble ?*

– *Oui...*

– *Tu vas y arriver ? Là ça me semble chaud quand même ! Et puis, tu sais si ça va convenir à Marie*[1] *? Et si elle te dit que le début est pourri, qu'il faut tout recommencer ? Et l'avis des lecteurs, t'y penses ? D'ailleurs, t'es sûr que ça intéresse les gens, tes histoires ? Et puis... bla bla bla...*

Fernand m'en a mis plein la tête ! Comme deux Français sur trois[2], j'étais en plein trouble du sommeil. La cause, hormis une gourmandise avérée, était très clairement un stress d'anticipation. Pour le dire autrement, je me faisais du souci, grâce à Fernand, pour un « problème » qui n'était pas d'actualité. Je n'allais pas régler la situation maintenant. Il n'était ni prévu ni souhaitable d'écrire en pleine nuit. Je ne sais pas si j'étais dans le bureau de mon patron tyrannique ou devant un demi avec mon meilleur ami soucieux de mon intérêt, mais en tout cas, je sais que je n'étais pas dans mon lit. Mon mental me faisait voyager. Je n'étais pas ici et maintenant,

1. Mon éditrice. Quelques jours plus tard elle me rassurera sur le début ! Ouf !
2. Étude Ifop pour Tousaulit.com réalisée par questionnaire auto-administré en ligne du 20 au 21 avril 2021 auprès d'un échantillon de 1 014 personnes, représentatif de la population française âgée de 18 ans et plus. 66 % des sondés disent avoir des troubles du sommeil, contre 49 % en 2017.

c'est tout le **principe de l'anxiété** : anticiper ou ruminer une situation que l'on juge stressante. Vous voyez de quoi je parle ?

Nous sommes des êtres du passé et du futur. Et comme le dit Gérard Guerrier : « *Les anxieux ont un don certain pour imaginer et anticiper le futur et ses menaces, qu'elles soient réelles ou imaginaires*[3]. »

Et pourtant, l'anxiété a des vertus. J'ai partagé ce point de vue lors d'un séminaire que j'organisais sur… la gestion du stress dans le cadre d'une formation pour des préparateurs mentaux. Ce propos en avait surpris certains, mais c'est bien ce que j'avais ressenti plusieurs jours en amont lorsque je m'interrogeais sur la pertinence du programme, la quantité de contenu, l'organisation générale. Je n'évoque pas ici le fait que, jusqu'aux dernières heures, l'événement aurait pu être annulé pour des raisons sanitaires. Cela ne dépendait absolument pas de moi et constituait seulement une légère charge mentale.

L'anxiété ressentie, le fait de ne pas être en excès de confiance, me permettait de bien préparer cet événement, d'être attentif aux points importants, bref, de bien faire mon travail.

C'est encore plus vrai dans les situations où notre intégrité physique est en jeu, comme je le constatais lors de séances de coaching avec des athlètes de niveau international pratiquant le snowboard freeride ou le tumbling. Dans un cas, les pratiquants s'élancent du haut d'une paroi enneigée et rocheuse qu'ils doivent dévaler en choisissant savamment

3. Gérard Guerrier, *Éloge de la peur*, Paulsen, 2019, p. 195.

leur tracé, surfant entre risques acceptables (donnant lieu à une valorisation dans un cadre compétitif) et sécurité afin d'avoir la possibilité de skier avec ses enfants, voire petits-enfants dans quelques années ! Dans l'autre discipline, les gymnastes enchaînent, sans interruption après un sprint de 11 mètres, vrilles, saltos tendus ou carpés – choisissez (par deux ou par trois, c'est plus rigolo) –, pendant 25 mètres, à 20 km/h en moyenne et à 3 ou 4 mètres du sol ! Voyez-vous l'intérêt de l'anxiété dans ces moments ? Il serait irresponsable, quasi suicidaire, d'aller à ces compétitions sportives en se disant : « Génial, on va bien profiter, c'est que du fun[4] ! » Concrètement, dans ces instants, l'anxiété et le stress sauvent des vies.

LE PROBLÈME C'EST L'EXCÈS

C'est vrai des pizzas comme du stress, qu'il soit d'anticipation ou non.

> Savez-vous comment certains braconniers capturent des singes ?
>
> Imaginez un arbre dans un pays exotique. Au pied de cet arbre, se trouve un câble qui l'encercle et une noix de coco. D'un côté, la noix est percée de deux petits trous permettant le passage du câble. De l'autre, le fruit est suffisamment ouvert pour pouvoir y installer une petite banane. Vous visualisez la scène ? Bravo ! Vous maîtrisez de mieux en mieux la capacité à créer des images mentales. Vous pouvez ajouter si vous le souhaitez

4. Propos davantage appropriés avant une soirée cinéma, voire un bowling entre amis.

l'odeur sucrée de la banane, la chaleur du soleil sur votre peau ou encore le bruit vif d'un petit singe survenant… Je m'égare ! Quoi qu'il en soit, un petit capucin moine arrive. Par l'odeur alléché, il glisse aisément la main dans la noix de coco, saisit le fruit, se délecte à l'avance du festin tout proche et… reste bloqué. Sa main ouverte entre facilement dans la noix de coco, mais son poing fermé ne peut en ressortir. Il force un peu, tourne le poing, prend appui avec sa main libre sur la noix de coco. Rien n'y fait, il n'arrive pas à extraire la banane du fruit à coque. La solution ? Simple, évidente : il suffit au petit singe de renoncer à ce projet et à ce repas, de lâcher sa prise en ouvrant la main et de poursuivre son chemin. Pourtant, si cette méthode de chasse est utilisée, c'est qu'elle fonctionne très fréquemment. La plupart des animaux refusent de lâcher la prise quand bien même celle-ci les emprisonne.

J'y vois une analogie avec la manière dont nous nous enfermons tout seuls dans certains schémas mentaux stressants, alors qu'il nous suffirait d'ouvrir notre esprit et de poursuivre notre chemin en toute liberté, comme il suffirait au capucin moine d'ouvrir la main. Ces ruminations nous figent, nous aussi, au pied de l'arbre. Je repense à cette entrepreneure, qui, hésitant sur ses services et ses prix, restait parfois plusieurs jours, la main prise dans la noix de coco. Je ne peux dans ces moments m'empêcher de penser à nouveau à la phrase de Paul Éluard : *« Je vois le monde tel que je suis avant de le voir tel qu'il est. »*

Oui, un niveau optimal d'anxiété peut nous aider à performer. Que ce soit pour la préparation d'un nouveau cours, la première rencontre amoureuse (ou celle des beaux-parents)… cela contribue à anticiper et porter notre attention sur les éléments importants à nos yeux. Vous l'avez compris, c'est l'anxiété disproportionnée qui est préjudiciable. Celle qui nous fige au pied de l'arbre car Fernand nous répète que cette situation est CAPITALE, sans discernement. Celle qui nous contraint à échanger avec Fernand en pleine nuit, sur un sujet qui n'en vaut pas la peine. J'aurais pu gagner ainsi du temps de sommeil. D'ailleurs, voulez-vous deux astuces de préparation mentale que j'aime utiliser en pleine nuit quand Fernand s'invite sous mes draps ?

Nous avons constamment recours à notre discours interne. Que ce soit pour se motiver, porter un jugement, mener une réflexion, échanger avec notre ami intérieur... Modifier ce discours interne qui nous tient éveillé changera ses conséquences (l'insomnie dans notre cas).

Outil – Changez de rythme

Utilisez-vous un système de messagerie vocale pour échanger avec vos proches dans un cadre professionnel ou personnel ? Si oui, vous avez constaté qu'il était possible à présent d'accélérer le débit de parole de nos interlocuteurs. Ainsi, nous gagnons du temps pour prendre connaissance de leurs propos. Lorsque Fernand vous parle en pleine nuit, ou plus généralement que votre dialogue interne vous empêche de dormir vous pouvez vous amuser à ra len... tir le ryth... m... euh... à lai... sser... trai... ner... les... syyy... lla... beuh... Ce... la bai... sse... im... mé... diiaa... teuh... ment... voo... tre acc... ti... va... tionnn.

Vous voyez l'idée ? J'ai hésité à vous faire un audio mais cela revient à écouter un message en réduisant sa vitesse. Aussitôt, votre **activation**, que l'on définit comme un état d'éveil physique et psychique, va diminuer et cela vous permettra de rejoindre Morphée raa… pi… de… ment. Ralentir son discours interne revient à passer d'une musique techno écoutée à fond à une ballade douce et lente. Vous n'aurez pas du tout le même niveau d'énergie. De plus, nous sommes plus sensibles à la forme qu'au fond de notre discours interne. Si une personne vous dit : « Je t'aime » d'un ton menaçant, comment vous sentirez-vous ? Bien ? Je n'en suis pas certain. En revanche, si un proche vous dit : « Oh, toi alors, t'es insupportable ! » en vous faisant un grand sourire, le message sera plutôt positif, non ? **Ralentissez** à souhait votre rythme, votre cerveau comprendra le message.

Outil – Soyez incohérent (pour une fois qu'on peut l'être délibérément !)

Nous venons de voir que nous sommes plus sensibles à la forme qu'au fond du discours interne. Cela ne signifie pas pour autant que le fond n'a aucune importance. Si Fernand est en train d'élaborer un superbe film catastrophe digne des Césars, il sera pertinent de « jouer » sur la nature des propos tenus. Cela revient dans ce cas à vous amuser alors qu'il est 3 heures du matin, et que vous êtes dans votre lit, à formuler des phrases sans queue ni tête ! Je vous vois venir, vous voulez des exemples. Go !

« Ma chaise, d'herbe discute avec un éléphant en velours. » D'ailleurs, cela sera encore plus efficace de la manière suivante : « Ma chai… se, d'her… be disss… cu… te a… vec un é… lé… phant… en… ve… lours. » Enchaînez quelques phrases ainsi en y associant un rythme digne de la vitesse de pointe d'un escargot, elles couperont le raisonnement de Fernand et le sommeil arrivera à vous aussi vite qu'Usain Bolt avale la piste.

SOMMES-NOUS LIBRES...

La liberté est une valeur importante dans mon blason. Elle est tout en haut. Certaines personnes ont dû ou doivent se battre pour acquérir ou conserver leur liberté. Êtes-vous libre ? J'espère sincèrement que vous pouvez répondre spontanément oui. Êtes-vous libre de penser ce que vous voulez ?

Prenons un exemple : une personne en télétravail a décidé de consacrer du temps à un dossier. Elle a choisi délibérément d'orienter son attention sur une tâche clairement définie : le dossier de ce client. Ce matin, ça va dépoter[5] ! Les premières minutes se passent bien. La personne est attelée à sa mission, concentrée, efficace pour l'instant.

Fernand arrive : *« As-tu pensé à regarder si M. X a répondu à ton devis ? C'est quand même important pour toi de le savoir. En plus, s'il t'a répondu, il t'a peut-être aussi posé une question. D'une manière générale ce serait bien que tu vérifies vite fait tes e-mails. Et puis va vérifier sur ton média préféré si tu n'as pas raté une information capitale se déroulant à l'autre bout du monde ! Comme tu es à la maison, tu pourras même en profiter pour te faire chauffer un thé en lisant les dernières actus. »*

Cette fois, nous ne sommes plus figés au pied d'un arbre mais au contraire, nous sautons de branche en branche tel un singe passant d'une idée à une autre. Nous brassons du

5. Je connais certains « auteurs » se disant la même chose ! Puis...

vent ou allons bientôt le faire. Certains méditants nomment cette incapacité à rester concentré sur une tâche « l'esprit singe ». Or, cette difficulté joue sur notre stress chronique. En portant notre attention un peu partout, nous ne sommes réellement nulle part. Ce côté multitâche nous rend moins performants, augmente notre insatisfaction et permet à Fernand de s'en donner à cœur joie : *« Il reste encore ça et ça à faire. Tu n'y arriveras jamais. Autant ne rien faire du tout. »* Nous avons l'illusion d'avancer mais nous pédalons dans la semoule, nous sautons de branche en branche, nous papillonnons. Et Fernand est de plus en plus actif.

Revenons à nous. Si vous décidez de ne penser qu'à une chose, pendant combien de temps êtes-vous libre de le faire ?

Quel est votre niveau de liberté vis-à-vis de vos pensées ?

Cette question est importante pour deux raisons :

1/ Nous l'avons vu, nos pensées vis-à-vis de nos ressources ou de l'enjeu que nous attribuons à telle ou telle situation influencent directement notre niveau de stress ressenti et nos comportements. D'où l'intérêt de la restructuration cognitive, du blason, des 10 minutes de pause… ils nous aident à prendre conscience de nos pensées pour les réorienter ou les laisser filer tel un capucin moine capable d'ouvrir la main et de poursuivre son chemin.

2/ Être absorbé par une tâche est source de bonheur et de réussite. Notre esprit et notre corps sont pleinement dédiés à une action. Or nous apprenons plus vite et mieux si notre champ attentionnel est dédié à une seule tâche. Nous en tirerons de la satisfaction, gagnerons en efficience et en sentiment de compétence. Et on vit ainsi une expérience optimale. C'est génial sur le papier et de plus en plus challengeant pour nous. À n'en pas douter, nos grands-parents, moins sollicités par de multiples écrans, étaient meilleurs que nous pour ne faire qu'une chose à la fois.

On essaie ?

Outil – Comptez vos respirations

Compter vos respirations exerce votre capacité à être dans le présent, où, par définition, a disparu le stress d'anticipation ou de rumination. Vous entraînez votre cerveau à porter son attention sur un élément présent, factuel, sans jugement.

Cet exercice peut prendre plusieurs formes. Certaines personnes vont penser « Je respire », d'autres vont porter leur attention sur les mouvements du ventre, ou sur les flux d'air au niveau des narines ou de la bouche, d'autres encore vont écouter leur souffle. Quoi qu'il en soit, tant que vous êtes attentif à votre respiration, c'est gagné ! L'idée est simple, l'exécution est plus complexe, vous le verrez. Être présent ici et maintenant s'exerce… mais l'on progresse vite ! (Vous connaissez les objectifs de processus ?)

Installez-vous confortablement dans un lieu où vous ne serez pas dérangé. Chaque fois que vous faites un cycle complet, une inspiration et une expiration, et que vous y avez été attentif, comptez 1 RIM (respiration ici et maintenant). Dès que vous perdez le fil, que votre esprit a sauté sur une autre branche, reprenez au début ce beau chemin.

Objectif palier 1 : 5 respirations de suite (singe endormi)[6].

Objectif palier 2 : 10 respirations de suite (méditant).

Objectif palier 3 : 15 respirations de suite (chef méditant).

Objectif palier 4 : 30 respirations de suite (grand chef méditant)[7].

Alors, quel est votre meilleur RIM de la première séance ?

Grâce au petit tableau ci-dessous, gardez une trace de chaque séance. Vous pourrez ainsi constater vos progrès, c'est important.

Date de pratique	RIM	observation

6. Atteindre ce palier dès vos premiers essais relève, au XXIe siècle, de la prouesse.
7. N'hésitez pas à chercher des noms de palier plus inspirants pour vous.

… OU ALLONS-NOUS DEVENIR LIBRES ?

La capacité à être « ici et maintenant » nous apporte la liberté de ne pas rester figé au pied de l'arbre ou de sauter de branche en branche. J'aimerais vous proposer différentes voies à explorer afin de vous ancrer davantage dans le présent et de prendre du bon temps sans Fernand.

Outil – Adonnez-vous à votre passion

Nous avons déjà abordé brièvement l'intérêt de garder du temps pour nos passions dans le cadre d'une bonne gestion du stress. Garder du temps pour son activité favorite revient, au-delà du fait de se faire plaisir, à investir sur sa santé. Je constate encore trop souvent, en début de collaboration avec des personnes visant le haut niveau sportif ou entrepreneurial, une quasi-culpabilité à se faire plaisir. Un peu comme si chaque moment de divertissement les éloignait du but. Comme souvent, je pense qu'il faut nuancer. Certes, pour atteindre un objectif ambitieux, il faut accepter d'y consacrer du temps et concevoir certains tête-à-tête maîtrisés avec Fernand. Toutefois, comme dirait l'autre, il n'y a pas de mal à se faire du bien. Nous ne serons pas de meilleurs étudiants, entrepreneurs, salariés, parents ou sportifs en nous consacrant exclusivement à cet aspect de notre vie. La relation entre le travail et la réussite, la performance n'est pas linéaire. On le comprend aisément lorsque, dans l'univers sportif, il est question de « surentraînement » ou encore de « fracture de fatigue ». À moins de vivre dans une grotte, vous n'avez pas pu passer à côté du terme de « burn-out » ces derniers mois. Cet épuisement généralisé concerne autant la sphère privée que publique. Serais-je un meilleur préparateur mental si je me consacrais exclusivement à mes clients, de 7 heures à 19 heures tous les jours ? Non ! Trois fois non ! Le repos fait partie du processus. Lorsque je vais courir ou nager, y compris à des heures de bureau, je considère que cela me permet d'être plus efficient. D'une certaine façon, par respect pour soi et pour les autres, nous devons prendre du temps pour nous. Donner de la place à votre passion, c'est vous permettre d'avoir un **meilleur contrôle émotionnel**, une **plus grande lucidité**, dans votre projet professionnel ou familial par exemple. Pour le dire autrement et l'avoir constaté fréquemment : Fernand fait ainsi nettement moins partie de votre vie et vos performances sont meilleures. Bref, il n'y a vraiment pas de mal à se faire du bien ! Quand commencez-vous ?

Outil – Apprenez

Adolescent, j'ai décidé, après quelques mois de pratique de la guitare, d'apprendre *Under the Bridge* des Red Hot Chili Peppers[8]. Je ne sais plus trop si j'avais une idée derrière la tête en me lançant dans ce projet, mais ce qui est certain, c'est que j'étais complètement happé par ma tâche lors de cet apprentissage complexe pour moi : précision et contorsion des doigts dont la pulpe devenait douloureuse, langue légèrement sortie… Je peux vous assurer que, dans ces moments-là, il n'y avait pas de place pour échanger avec Fernand sur ma dernière frustration tennistique ou tout autre sujet. J'étais ici et maintenant. Le constat fut exactement le même quelques années plus tard lorsque Roland, prof d'EPS

8. Morceau qui parlera, je pense, aux quadras. J'espère que le choc générationnel ne sera pas vecteur de stress pour tous les autres !

proche de la retraite, m'apprit à faire du kitesurf, une fois par semaine, dans les eaux martiniquaises. J'étais complètement dédié à la compréhension de la maîtrise de mon aile, ma position, l'équilibre sur la planche

Qu'avez-vous envie d'apprendre ? Quel temps pouvez-vous y consacrer ? C'est absolument génial d'apprendre de nouvelles habiletés !

– On améliore son sentiment de compétence.

– On développe son estime.

– On sollicite sa plasticité cérébrale (on « rajeunit »).

– On prend un temps salutaire pour soi, parfois avec les autres.

– On rencontre de nouvelles personnes.

Bref, on se fait du bien sans Fernand.

Que ce soit une nouvelle langue, un plat, une position de yoga, la peinture, l'électricité, *Under the Bridge*… apprenez ! C'est un superbe moyen de développer votre liberté mentale.

Outil – Challengez-vous !

Cela ne concerne pas forcément votre passion ou une nouvelle activité. Il s'agit plus d'une pratique qui sollicite grandement vos **capacités de réceptivité**[9]. Ainsi, en étant très attentif à vos **ressentis sensoriels**, vous aurez de la difficulté

9. La réceptivité consiste à être réceptif à ses sensations, qui sont de trois ordres : proprioceptives (la position du corps et de ses différents segments), extéroceptives (la vue, l'ouïe, l'odorat, le toucher, le goût) et intéroreceptives (le rythme cardiaque, la respiration). La réceptivité est fondée sur le corps.

à exercer votre **capacité d'émissivité**[10]. C'est comme si vous plongiez dans votre corps, complètement immergé dans le présent. Voici un exemple me permettant d'être plus concret.

> *Un jour, Mohamed Boclet, entrepreneur et ami, vice-champion du monde de lecture rapide, m'informe de sa présence en Savoie pendant ses vacances d'hiver. Naturellement, il me propose de profiter de cette occasion pour se voir. Ayant prévu d'aller nager un moment dans un lac en fin d'après-midi afin de me libérer l'esprit après une journée d'écriture, je lui propose que nous nous retrouvions là-bas, nous pourrons ensuite profiter de la fin de journée à la maison. Il va de soi qu'il peut apporter de quoi se baigner s'il souhaite tenter cette expérience. Ce qu'il fit ! Voici un extrait de notre échange, quelques dizaines de minutes plus tard dans un Smoothie*[11].
>
> *« Comment te sens-tu après cette expérience du bain en eau froide, en plein hiver ?*
>
> *– D'abord, avant, j'avais énormément d'appréhension. Je me disais pourquoi tu y vas ? À quoi ça va te servir ? C'est n'importe quoi ! (...) On a discuté un peu de ce que j'allais faire et après je me suis dit "Allez ! Mohamed, vas-y direct !" C'est ce que j'ai fait et... tu ressens une sensation incroyable ! Je ne sais pas trop comment décrire cela. J'ai ressenti des picotements aux doigts de pieds, tu sens que ton corps est contracté, la respiration est plus rapide (...). Il y a une phrase que je me répète souvent, c'est : "La peur a tué plus de rêves que l'échec*

10. L'émissivité est la capacité à émettre une idée, une pensée, un souvenir, un jugement. Elle est fondée sur le mental.
11. Nom du podcast que j'anime.

ne l'a jamais fait." Il y a des gens qui, par peur, ne vont jamais rentrer dans l'eau, alors qu'ils auraient pu y rentrer sans que cela soit un échec. (...) Je suis sûr que cette expérience va alimenter ce mantra. Ça a été un moment incroyable pour moi.

– (...) D'une certaine façon, je trouve que c'est un moyen pour stopper le mental (...). On n'est plus dans des tergiversations mentales. Ça te l'a fait, ou pas du tout ?

– Je suis d'accord. J'étais concentré sur ma respiration, sur le moment présent, sur les sensations que je ressentais, sur l'eau, sur ce qu'il se passait tout de suite. Je n'étais pas en train de penser à ce qui allait se passer après, ou à mon entreprise, à mes enfants. Non ! Je pensais à moi, maintenant et ce que je ressentais : mon corps, mes pieds, l'eau... j'étais présent, dans le moment présent. »

Les propos de Mohamed sont représentatifs de ce que me disent les personnes, souriantes, avec lesquelles je suis allé dans des bains froids. Certes, Fernand est toujours là au départ pour nous dissuader d'y aller, pour nous rappeler l'inutilité, pire, la dangerosité de cette activité absurde. Il veut, comme à son habitude, nous protéger de tous les dangers réels ou imaginaires. Vous conviendrez qu'il est préférable de l'aider à ne se concentrer que sur les premiers. C'est ainsi qu'après cette « sensation incroyable » tous, y compris ma belle-mère (devenue fan), en sortent avec le sourire, heureux d'avoir relevé ce défi physique et mental, de se sentir plus que jamais vivants et d'avoir fait taire le mental pendant un temps.

Fernand vous crie à tue-tête qu'il n'en est pas question ? Vous pouvez tout à fait commencer par tester les douches froides. Ceci étant, je trouve plus facile de me baigner dans un lac, souvent avec d'autres aficionados, que de sentir l'écoulement constant de l'eau froide sur ma peau dans ma douche[12].

Autre pratique permettant de se plonger pleinement dans la réceptivité : la slackline. Cette sangle que l'on tend entre deux arbres, à seulement quelques dizaines de centimètres du sol, et sur laquelle on essaye de rester en équilibre ou de se déplacer. Je vous garantis que vous serez « ici et maintenant », attentif à toutes les informations proprioceptives que vous percevez de vos orteils jusqu'au bout de vos doigts. Un très bon moment en perspective pour les grands et les petits. Si vous n'avez pas accès facilement à deux arbres, y compris dans un parc public, pour attacher votre sangle, il est toujours possible de vous lancer de nouveaux défis d'équilibre suscitant toute votre attention à votre domicile.

Après être retourné sur son lieu de vacances, Mohamed m'écrivit un dernier message sur WhatsApp : « Ça donne envie d'y retourner demain ! ☺ »

LIBRE D'ÊTRE LÀ, MAINTENANT

En conservant cette métaphore de la liberté, je peux dire que toutes les pratiques vues précédemment : apprendre, se laisser du temps pour sa passion, se challenger avec l'eau froide, la proprioception ou autres, nous offrent la liberté d'être pleinement présent… dans le présent. Indéniablement, je n'avais pas réussi à l'être lorsque

12. Au-delà d'un intérêt physique et mental personnel, la douche froide vous permettra assurément de faire des économies d'eau et d'énergie !

Fernand était venu me parler dans la nuit de l'avancée du livre. C'est souvent le cas lorsque l'on craint ou désire une situation, que l'on a une échéance importante (j'ai failli écrire CAPITALE selon Fernand) : le baccalauréat, un concours, une compétition sportive, un entretien d'embauche... Nous ne sommes plus dans le présent. *Idem*, quand on vit à 200 à l'heure, le multitâche n'est jamais loin. Incapables que nous sommes de nous poser 2 minutes pour apprécier ce plaisir d'avoir terminé une tâche nous sommes déjà affairés ailleurs, physiquement ou « seulement » mentalement. Ce processus est sans fin car il y aura toujours à faire, à améliorer.

Nous sommes parfois au paradis sans nous en rendre compte et vivons un enfer. Je repense ici à cette personne qui voulait faire de la préparation mentale notamment car elle n'arrivait plus à profiter des avantages de sa condition. Même lorsqu'elle était entourée de personnes chères, elle pensait aux échéances passées qui auraient pu être mieux abordées et aux échéances futures qu'il ne fallait surtout pas manquer. Que celles et ceux qui se reconnaissent ici lèvent la main !

Je souhaite vous présenter une dernière voie à explorer dans ce chapitre. Elle s'apparente à de la pleine conscience. Étymologiquement, conscience se décompose en *cum* (avec) et *science* (savoir). Ma lanterne est éclairée, j'avance avec savoir.

Exemple : Vous décidez de vous mettre au yoga – vous avez lu dans un livre qu'il fallait apprendre de nouvelles choses, alors pourquoi pas le yoga ! Premier cours, horreur ! Une position au nom imprononçable (vous n'êtes pas venu pour apprendre une nouvelle langue) vous fait très mal à l'arrière de la cuisse droite. Fernand d'ailleurs vous le dit : *« Pfff, tu vas te péter un truc ! T'as plus 20 ans ! Qu'est-ce que tu fais là ? »* La prof poursuit :

> « Il est possible que vous sentiez un étirement à l'arrière de la cuisse droite.
>
> – *Ah ! C'était ça !*
>
> – Portez votre attention sur votre nuque… détendez-la encore un peu, faites passer votre respiration par l'arrière de votre nuque. Sentez à quel point c'est confortable … agrandissez encore cette zone.
>
> – *C'est vrai que ma nuque va bien. C'est une sensation agréable…* »

Fernand reste sans voix. Vous pratiquez une **pleine conscience fermée**. Vous avez choisi de porter votre attention sur une sensation plus que sur une autre. Cela peut être utile lorsque l'on rougit lors d'une prise de parole, par exemple. Si on se dit : « je rougis, je rougis, je rougis » c'est une pleine conscience fermée qui n'aide pas spécialement. En revanche, dans le même contexte, porter son attention sur son ancrage au sol ou l'étirement de sa colonne vertébrale peut permettre de passer à autre chose.

C'est cet outil que j'utilisais à la fin de mon premier Ironman en 2014. J'étais, tout à fait objectivement, un triathlète moyen. Pour autant, mon temps sur le marathon, dernière épreuve de cette belle journée, fut très honorable par rapport à ma place globale, et donc au temps des autres participants. Après avoir nagé 3,8 kilomètres et pédalé 180 kilomètres, il est normal pendant le marathon de ressentir des douleurs musculaires ou articulaires. En portant mon attention principalement sur ma respiration, l'ouverture et la fermeture de ma cage thoracique, je ne pensais pas à autre chose. Contrairement à certains compagnons de route qui, à ce moment-là, étaient pleinement dédiés à leurs douleurs, mon mental n'accentuait pas ces perceptions. Je portais consciemment mon attention sur des éléments kinesthésiques neutres. Et cela m'a aidé.

Je vous propose de découvrir ici le retour d'un sportif professionnel qui utilise régulièrement la pleine conscience.

Parole d'un champion : Tristan Dingomé, footballeur professionnel

La pleine conscience, ce sentiment de lâcher-prise et de contrôle en même temps.

Une sensation étrange mais agréable qui est devenue quotidienne car indispensable à mon équilibre.

Je préfère pratiquer allongé et au calme, mais justement, un de mes axes de progression est de pouvoir pratique la pleine conscience assis, voire debout et dans un environnement qui ne lui est pas nécessairement propice à première vue (bruit, lumière, etc.) pour pouvoir pratiquer plus souvent.

Mon processus commence par réguler la respiration, ce qui a dans mon cas pour conséquence de me détendre au niveau mental mais également au niveau physique.

Mental dans un premier temps car c'est à ce moment-là que j'arrive le mieux à entrer dans cet état de bien-être intérieur. Mes pensées, qu'elles soient positives ou négatives, n'ont pas directement d'impact sur mon état et j'ai ce sentiment de pouvoir « sélectionner » celles de mon choix. Pour imager, les pensées sont semblables à des nuages qui passent et auxquels je ne m'accroche pas. Je laisse passer en toute décontraction les nuages négatifs et qui ne m'intéressent pas, mais je peux, si je le souhaite, attraper les positifs, ceux dont j'ai besoin.

C'est cette sensation de relâchement, de plénitude et de sérénité dont j'ai parlé au début, mais également de contrôle car je garde la possibilité de contrôler mes pensées et mes émotions.

Puis, dans un second temps, c'est un relâchement au niveau physique également car cette introspection, ce voyage au centre de moi-même m'affranchit de toutes les contraintes, de tout le stress auquel je suis soumis au quotidien. C'est comme si mon corps faisait office de barrière hermétique à toutes sollicitations extérieures afin que je puisse me concentrer sur moi et moi seul. Pas d'influence, de ressentis, juste moi, ma tête et mon corps.

Je peux comparer cela à un état méditatif qui vient me recentrer et me reconcentrer sur ce qui est essentiel.

Ce sont des petits moments pendant lesquels j'appuie sur « pause » et qui me permettent de faire une sorte de reset.

Évidemment, dans la compétition et le sport de haut niveau, la pleine conscience me permet de mieux supporter la pression liée à la performance, aux résultats et d'avoir le recul nécessaire pour ne pas « sombrer » lorsque viennent les déconvenues et autres déceptions mais également de pouvoir garder la tête froide quand, au contraire, les performances sont bonnes et les objectifs atteints.

Je vous propose ici de vous exercer à **la méthode Vittoz**. L'idée est d'amener l'esprit à se focaliser sur nos perceptions proprioceptives, extéroceptives et enfin intéroceptives.

Outil – La méthode Vittoz

Voici une première proposition. Préalablement, laissez-moi préciser qu'il n'y a aucune obligation à percevoir telle ou telle sensation, seulement le souhait de porter notre attention « sur », de cheminer en conscience. Je présente souvent cette méthode comme un jeu entre la réceptivité (ce que je ressens) et l'émissivité (ce que je pense). Amusons-nous à déplacer ce curseur. Je vous propose un exemple concret d'application juste après la présentation de la méthode. C'est à vous !

Première étape : induction au calme

Installez-vous confortablement. Pendant quelques inspirations, passez en contrôle respiratoire : centrez-vous sur votre respiration, ventrale, lente et reposante. Relâchez les muscles de la mâchoire, du front, autour des yeux… Votre visage est totalement relâché.

Deuxième étape : la réceptivité, les sensations proprioceptives

Prenez conscience de votre position corporelle. Centrez-vous sur chaque segment de votre corps. Un peu à l'image d'un scanner par exemple, vous conscientisez au maximum votre position : où se trouve votre main droite ? Quelle est la position de vos doigts ? Quel est l'angle entre votre pied et votre tibia ? Enquêtez sur la position, maintenant, de votre corps.

Troisième étape : la réceptivité, les sensations extéroceptives

Dans cette étape, vous allez vous centrer sur les cinq sens, l'un après l'autre. L'ordre n'a pas d'importance, mais je vous conseille de finir par le goût.

– La vue. Que voyez-vous ? Quelles formes ? Quelles couleurs ? Quels mouvements ? Vous pouvez vous centrer sur votre canal visuel même en fermant les yeux. Soyez curieux, là aussi, enquêtez comme s'il s'agissait de la première fois que vous voyiez.

– L'audition. Quels sons entendez-vous ?

– Le toucher. Portez votre attention sur les matières en contact avec votre peau (chaussettes ? vêtements ? tapis de sol ? herbe ?). Percevez-vous des mouvements d'air ? Des différences de températures ? Une exposition partielle au soleil ? Relevez toutes les informations qui vous sont accessibles.

– L'odorat. Quelles odeurs sentez-vous en inspirant lentement par le nez ? Encore une fois ? Une dernière ?

– Le goût. Avez-vous un goût particulier dans la bouche ? Un aliment, une boisson que vous venez d'avaler ? Le dentifrice « DIY » au goût inimitable ? Avalez votre salive…

Quatrième étape : la réceptivité, les sensations intéroceptives

Sentez-vous votre salive dans votre gorge ? Jusqu'où pouvez-vous percevoir son avancée ?

Centrez-vous sur votre respiration, son rythme, son amplitude.

Vous pouvez ensuite porter votre attention sur votre fréquence cardiaque, sentir votre cœur battre dans votre poitrine et sentir également votre pouls à différents endroits de votre corps.

La méthode Vittoz peut être utilisée :
– en méthode de pleine conscience. Je suis ici et maintenant, immobile, comme nous venons de le faire. Vous pouvez également tout à fait pratiquer en marchant par exemple, comme si c'était la première fois. Soyez alors attentif à vos pas, au contact régulier de vos pieds avec le sol puis, peut-être, aux sons que vous entendez, à l'air sur votre visage… ;
– en technique de relaxation. Dans ce cas, privilégiez le fait d'être allongé. Il vous est possible d'ajouter alors les étapes 5 et 6 proposées plus bas ;
– en méthode d'endormissement. Vous êtes réveillé en pleine nuit et Fernand vient vous parler. La méthode Vittoz vous permet de retourner dans le corps présent. Dans ce cas, vous ne ferez pas la sixième étape.

Cinquième étape : l'émissivité

Imaginez-vous dans un lieu agréable. Visualisez ce lieu avec le maximum de détails sensoriels et ressentez le bien-être que vous éprouvez dans ce lieu.

Sixième étape : reprise tonique

À votre rythme, revenez à « ici et maintenant ». Dynamisez votre respiration par quelques expirations toniques. Bougez lentement les doigts, les orteils, poignets et chevilles. Si vous le souhaitez, vous pouvez bâiller, vous étirer, ouvrir les yeux. Bref, revenez tranquillement dans votre environnement.

Exemple concret d'utilisation de la méthode Vittoz

Pour les fêtes de fin d'année, nous avons eu la chance de partir quelques jours en famille dans le Vercors. Nous logions dans un studio de 30 m^2 sans chambre. La plupart du temps, j'aime ce changement. J'apprécie de nous retrouver dans un lieu plus petit où nous sommes « les uns sur les autres ». Bien sûr, parfois, cela peut être gênant. Certains souhaitent du silence, d'autres voudraient écouter de la musique et danser, regarder une série tranquille, faire un jeu de société… Bref, une vie de famille en période de vacances !

Un soir, j'étais un peu fatigué, les enfants étaient dans la pièce et se chamaillaient, à propos de l'activité à réaliser. Le compromis n'était pas à l'horizon et la discussion se tendait.

J'aurais pu agir, voire réagir, de manière maladroite, demander le silence Mais j'ai décidé de profiter de la vaisselle pour faire une séance de méthode Vittoz ! Je me suis focalisé à fond sur mes sensations kinesthésiques : le contact de mes mains avec l'eau, sa température, la texture de la mousse du produit vaisselle, la forme et la matière des objets, de l'éponge, les couleurs, les sons… Ces sons qui commençaient à me tendre quelques instants auparavant, je les redécouvrais comme si j'entendais pour la première fois ces mélodies. Je m'amusais à capter les brefs moments de silence entre les mots… tout mon corps était orienté vers cette réceptivité. Il n'y avait plus de place à ce moment-là pour mon émissivité et mon agacement. Le ressenti avait complètement évolué. J'avais ainsi évité d'ajouter de la tension à la tension. J'étais fier de moi.

C'est peut-être peu de chose, mais je crois qu'il est important de mettre en lumière ce qu'on réussit et qui compte pour nous. Laisser mes enfants s'organiser entre eux, y compris quand ils sont en désaccord, en fait partie. Fernand et moi prenons alors conscience de mes ressources. Avec l'objectif de me centrer sans jugement sur tous mes ressentis, j'avais fait évoluer aussi la représentation de ce moment et mon comportement. Le ROC (représentation objectif performance) se transforme alors en ORC ou OCR. C'est magique ! Essayez !

Au fur et à mesure, votre préparation mentale s'intégrera pleinement à votre quotidien car il n'est pas question de garder ces temps comme des moments « hors sol ».

À retenir

Le stress d'anticipation a des vertus. Il contribue à vous préparer.

Le souci n'est pas le stress, mais l'excès de stress.

Nos pensées peuvent nous faire vivre l'enfer alors que nous sommes au paradis.

S'adonner au monotâche est reposant, tout comme être ici et maintenant.

Plusieurs pistes donnent la possibilité d'être ancré dans le présent : exercer sa passion, apprendre, se challenger, être en pleine conscience.

“Quand mes pensées me jouent des tours,

Sans crier gare m'imposent des détours,

Je reviens ici et maintenant, dans le présent,

Redécouvrant le monde tel un enfant.”

Entracte

Nous avons vu jusqu'à présent différents moyens d'agir sur les causes du stress, sur cette relation particulière que nous entretenons avec un contexte. Il y a, dans les propos de Fernand, une subjectivité que nous pouvons interroger, travailler et faire évoluer. C'était typiquement le cas de Léa, la jeune étudiante en école d'ingénieurs qui était stressée du fait de son interprétation de la situation. Objectivement, elle avait à sa disposition toutes les ressources nécessaires pour y arriver, encore fallait-il qu'elle en ait conscience. En modifiant son regard sur la situation, ses états internes ont été différents.

À votre tour, vous avez dans votre trousseau de nouvelles clés. Vous pouvez les utiliser afin de faire évoluer vos représentations mentales comme l'a fait Léa (mettre davantage en lumière vos ressources, relativiser l'enjeu d'une situation) ou vos intentions (« je suis ici et maintenant ») comme l'a fait Mohamed dans l'eau. Tout cela rassure Fernand !

D'ailleurs, quels outils avez-vous déjà testés ?

☐ Le soleil

☐ Les 10 minutes chrono

☐ Le ROC

☐ Le carnet de confiance

☐ Le boost de confiance

☐ Le blason

☐ Le VAKOG

- ☐ Le changement de rythme
- ☐ Les phrases sans queue ni tête
- ☐ Le comptage des respirations
- ☐ S'adonner à sa passion
- ☐ Apprendre
- ☐ Le challenge
- ☐ La méthode Vittoz

....

....

....

....

....

....

....

....

Je vais à présent vous proposer d'autres clés qui seront davantage tournées vers le corps et vers les conséquences du stress. Nous allons enquêter, jouer avec les tensions, souffler, découvrir de nouvelles ressources ! Ça vous tente ?

CLÉ 5

MARQUEZ… UNE PAUSE !

« Oublier de respirer reste la seule distraction fatale. »
Pierre Perret

☺ : Vous intégrez les bénéfices du double projet. Vous contrôlez mieux vos émotions et votre respiration. Ainsi, vous savez vous détendre efficacement.

☹ : Vous donnez énormément d'importance aux situations. Cela peut aider à performer un temps mais use énormément. Combien de temps tiendrez-vous ?

Comme le titre de ce chapitre le suggère, faisons une petite pause.

Avant cela, laissez-moi vous présenter deux personnes.

Laure a 38 ans (bientôt 39). Elle est la maman d'une petite fille de 3 ans et vit en couple, à Paris, avec le papa depuis dix ans. Elle est cadre dans une entreprise qu'elle adore et qui l'emploie depuis presque une décennie. Elle a des responsabilités, des objectifs stimulants. Il lui sera possible de gravir encore des échelons. Sur le papier, tout baigne. En creusant un peu, tout coule, ou presque. En menant de front ses rôles de maman, de salariée, de compagne, d'amie, de... Laure, elle a le sentiment d'être partout et nulle part à la fois, de n'être satisfaisante dans aucun de ses rôles. Surtout, elle ressent un besoin de respirer, de souffler.

Math, lui, est footballeur professionnel depuis sept ans. Il adore son métier. C'était son rêve, enfant. Il est très attentif à sa préparation, cherche toujours à améliorer ses performances. Il est ravi de constater que ses coéquipiers ont une belle estime de lui. De plus, il a toujours entretenu de bonnes relations avec les supporters des clubs dans lesquels il est passé. Ces derniers voient en lui un joueur travailleur et humble. Après certains matchs, que Math lui-même juge insatisfaisants, il est arrivé que son entraîneur ne le salue pas pendant plusieurs jours, faisant comme s'il ne le voyait pas[1]. Il en est meurtri et gêné. Cela l'empêche de bien dormir pendant quelques nuits, il ressent des palpitations et des difficultés à toujours bien respirer. Il prend son métier et ce que l'on pense de lui très à cœur.

Certes, nous ne sommes ni Laure ni Math. Pourtant, il peut être possible de nous reconnaître en eux ou de transposer leur situation à notre propre vie.

Vous souvenez-vous de mes petits dessins de balançoire (sinon, rendez-vous p. 20) ? Celle de nos deux protagonistes commence tranquillement à se désaxer vers la gauche. Happés par leur rythme de vie, les injonctions qu'ils reçoivent ou qu'ils s'administrent, ils cherchent sans cesse à faire mieux. À votre avis, s'ils avaient une discussion avec un génie leur

1. Visiblement les gestes barrières n'y étaient pour rien.

permettant de choisir entre faire « plus » avec leur corps ou « moins », quelle serait leur décision ? Sommes-nous d'accord pour dire qu'ils souhaiteraient tous les deux faire plus ? Être plus disponible en soirée pour travailler davantage, profiter de sa fille et de son compagnon. Se lever plus tôt, pour avoir un temps de lecture avant d'aller au travail. Avoir plus d'énergie le week-end pour profiter de ses amis pour Laure. Math aimerait être plus explosif dans ses déplacements, arriver à davantage répéter les efforts, être plus lucide dans les gestes décisifs. Son entraîneur serait plus content de lui.

ET VOUS, QUEL SERAIT VOTRE CHOIX ? PLUS OU MOINS ?

Que la décision soit personnelle, interpersonnelle ou sociétale, nombreuses sont les personnes qui, comme Laure et Math, aimeraient « avoir plus ». Leurs pensées, leurs actions, leur rythme de vie sont alignés avec ce souhait. Leur balançoire doit monter de plus en plus haut vers la gauche, et cela sans prendre d'élan. Peu à peu se crée chez l'individu un déséquilibre entre le système nerveux sympathique (la balançoire monte à gauche) et le système parasympathique (la balançoire monte à droite)[2]. Au début, cela peut être grisant. Ce système est énergivore. Il prépare l'organisme à la fuite ou au combat (dans certains cas, pour Fernand, animer une réunion, mener toutes les tâches de front s'apparente à un combat à mener… ou à fuir). On travaille plus, on « gagne » plus, pense-t-on. Or c'est une vision à court terme. À force

2. Voir p. 20.

de tirer sur la corde, la personne se fatigue plus vite et a du mal à récupérer. Le système nerveux sympathique prend le dessus de manière excessive. Elle ressent par conséquent plus de difficultés à être concentrée, clairvoyante, reposée, voire seulement détendue. Bref, à moyen comme à long terme, nous voyons bien que cette option n'est pas l'idéal.

RÉVEILLEZ LE PARA QUI SOMMEILLE EN VOUS !

Alors, non ! Loin de moi l'idée de vous suggérer d'embrasser une carrière militaire si celle-ci ne fait pas partie de vos projets. Je vous propose en revanche de réveiller et de muscler le système nerveux parasympathique que mère Nature vous a offert avant votre naissance et que notre rythme de vie nous fait maltraiter à l'âge adulte… jusqu'à la retraite peut-être[3].

Certes, sympathique et parasympathique sont les deux branches du système nerveux autonome qui, par définition, « se régit seul ». En effet, nous ne décidons pas de digérer, de faire battre notre cœur ou encore de transpirer. Ces actions se font en autonomie et heureusement ! Pourtant, il y a un élément que nous pouvons maîtriser et qui nous donne la possibilité d'agir directement sur ce système nerveux autonome : la respiration. En effet, elle est autonome pour la plupart des 17 000 cycles respiratoires que nous avons dans une journée. Mais elle peut aussi être volontaire : prenez une grande inspiration maintenant ! Vous avez pu le faire en le décidant !

---

3. Je vous en dirai plus à ce sujet dans quelques mois, quand le livre aura été vendu à des millions d'exemplaires !

Rappelez-vous, ou encore mieux, observez comment respire un jeune enfant quand il dort (si pour cela vous allez voir le nourrisson des voisins pendant son sommeil, il est fortement conseillé de les prévenir afin de ne pas sur-solliciter leur système nerveux sympathique inutilement). Vous constaterez que sa respiration est très clairement ventrale. Son thorax reste quasiment immobile. Il est serein, apaisé et fait peut-être un rêve agréable. Maintenant, repensez à la dernière fois où vous avez consolé un enfant qui avait un gros chagrin. Comment respirait-il ? Comment s'exprimait-il entre deux sanglots ? Dans ces moments-là, on entend souvent l'adulte dire : « Respire… Souffle bien… voilà » tout en associant le geste à la parole, l'adulte mime de grandes inspirations et des expirations allongées. Un peu comme Laure soupire un bon coup avant de s'adonner à sa dernière tâche professionnelle de la journée. Cela a deux avantages que nous allons bientôt détailler et expérimenter.

Le constat que je fais régulièrement lors d'interventions est qu'il est tellement facile et automatique de respirer que nous ne prenons presque jamais le temps de bien le faire. Pourtant, le jeu en vaut la chandelle.

« Le problème c'est que nous sous-respirons : au lieu d'être ample et profond, notre souffle est saccadé, superficiel et court. Il n'oxygène pas correctement nos neurones. Paradoxalement, le fait de respirer vraiment à fond provoque à la fois une sensation de grand calme, mais aussi un éveil réel du mental[4]. »

4. Jean-Marc Robin (Dr) et Anne Dufour, *Un cerveau en pleine forme*, Marabout, 2003.

Cela nous permet de rassurer Fernand et en plus d'être plus efficients. Pour autant, notre rythme de vie et l'aspect autonome de notre respiration font que, naturellement, nous portons peu d'attention à ces échanges gazeux. Occupés que nous sommes à courir après le temps, nous créons les conditions mentales et physiologiques pour renforcer le système nerveux sympathique. Lorsque cela n'est plus possible, nous… soupirons, parfois à notre insu.

« Je t'ai vu souffler ! Je te saoule ?

– Oui, clairement ! » aimerions-nous répondre dans certaines situations.

Nous ne sommes attentifs à notre respiration que lorsque nous en manquons. Alors, nous prenons *conscience* que certaines situations nous étouffent, que nous avons « la tête sous l'eau », ou « besoin d'un bol d'air ».

En effet, le corps parle, il a besoin de souffler, d'expirer les tensions. Il a besoin surtout d'avoir un système parasympathique aussi puissant que son système sympathique. Laure et Math sont tous les deux en pleine force de l'âge, ils demandent beaucoup à leur organisme. Leur balançoire peut monter très haut dans la dépense d'énergie. Ils doivent cependant apprendre également à lui rendre beaucoup, un peu comme s'ils étaient propriétaires d'une voiture électrique puissante qui leur permette d'accélérer fortement quand ils le souhaitent et de récupérer de l'énergie au freinage. La puissance des freins doit être calibrée en fonction de la puissance du moteur. Renforcer notre système parasympathique revient ainsi à développer notre capacité à nous détendre, à régénérer notre énergie et à rassurer Fernand.

Pour ce faire, la respiration, nous l'avons vu, est un fabuleux outil. Nous pouvons ainsi décider de nous faire du bien et, en ralentissant par exemple notre fréquence respiratoire, en allongeant notre temps d'expiration, nous mobilisons et renforçons notre « frein ». Notre cœur bat plus lentement. La vasodilatation résultant de cette respiration lente facilite également la circulation sanguine et permet au cœur de battre moins fortement. Les muscles se détendent, la respiration devient ventrale (le ventre se « gonfle » lors de l'inspiration). Nos viscères sont massés, notre plexus aussi. La digestion et le relâchement en sont facilités. L'organisme ainsi se régénère. Notre balançoire monte vers la droite, prend de l'élan pour plus tard. Fernand dort comme l'enfant de vos voisins.

TEST

- Prenez votre pouls sur votre artère radiale ou carotide.
- Vous l'avez ? OK !
- Inspirez 5 secondes, expirez 5 secondes plusieurs fois.
- Vous sentez la variation de votre fréquence cardiaque ?
- Elle se cale presque instantanément sur votre respiration.

Voyons maintenant différentes techniques de respiration. Toutes auront comme points communs de :

– ralentir la fréquence respiratoire ;

– porter notre attention sur notre respiration « ici et maintenant ».

Les effets seront les suivants :

– diminution du stress et de l'anxiété ;

– meilleure gestion émotionnelle ;

– meilleure qualité du sommeil ;

– meilleure récupération après un effort physique ;

– perte des kilos émotionnels (le stress « pousse » au grignotage) ;

– diminution du risque de maladies cardio-vasculaires ;

– diminution de l'hypertension artérielle.

C'est tentant, non ?

Outil – La méthode 365

Que se cache-t-il derrière ce nom mnémotechnique, qui, de prime abord, n'invite pas au relâchement ?

3 fois par jour ;

6 respirations par minute ;

5 minutes d'affilée.

Concrètement, cela revient à inspirer 5 secondes puis à expirer 5 secondes (ce qui fait 6 respirations par minute), 3 fois par jour, de préférence avant les repas, cela pendant 5 minutes. « Je ne vais quand même pas compter les secondes ! » vous dites-vous peut-être. Eh bien si ! Vous pouvez soit utiliser une application vous permettant de caler votre rythme respiratoire sur le déplacement d'un curseur ou opter pour le comptage personnel. Compter permet, je trouve, d'être pleinement présent. Il est possible également de vous amuser à dessiner votre respiration : votre crayon monte pendant les 5 secondes de l'inspiration et descend pendant les 5 secondes de l'expiration. Cela offre un moment de détente monotâche.

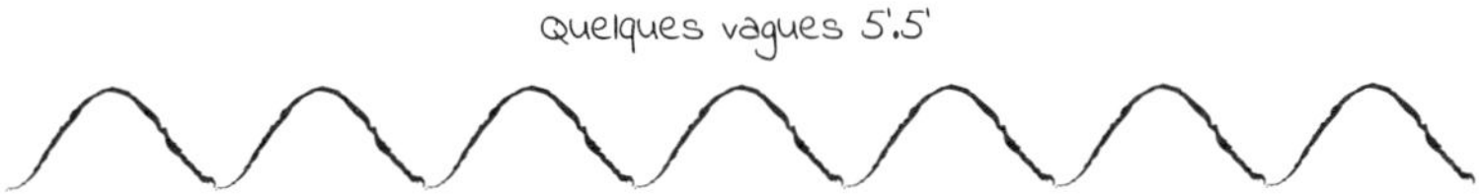

Cette fréquence de 6 respirations par minute est très efficace pour entrer en cohérence cardiaque. Pour le dire simplement, cela permet à votre cœur de se reposer, de ne plus être, pendant un temps, en variabilité cardiaque. C'est génial qu'il ait une grande variabilité ; il peut ainsi s'adapter plus facilement aux aléas de vos journées, aux accélérations ou aux freinages demandés par Laure et Math. Un peu comme un roseau s'adaptant très bien aux tremblements de terre comme aux vents forts. Alors que le chêne peut, de ce point de vue, faire preuve de moins de « variabilité ». Il sera plus « *stringere* ». Vous vous souvenez ?

Peut-être aussi pensez-vous qu'il est contraignant de mettre en œuvre cette technique trois fois par jour. Tout d'abord sachez que ce n'est pas une obligation mais un conseil formulé par David Servan-Schreiber et David O'Hare, les pères fondateurs de la vulgarisation de la cohérence cardiaque. Celle-ci a des effets physiologiques concrets qui perdurent pendant quatre à cinq heures. Il est donc opportun de la pratiquer trois fois dans la journée afin de couvrir l'intégralité des heures où nous sommes éveillés.

Le fait de pratiquer avant le repas vous permet également de calmer Fernand s'il est inquiet et d'éviter le grignotage.

Après quelques jours de pratique, vous pourrez, si vous le souhaitez, l'intégrer peu à peu à votre vie quotidienne : 10 minutes de transport en commun ? Une assemblée générale de copropriétaires interminable ? Bloqué dans un embouteillage ? Une réunion dans laquelle vous allez bientôt prendre la parole ? Ce rythme respiratoire peut très vite devenir votre allié dans le rééquilibrage de votre balançoire, amenant apaisement physique et mental !

Parole d'un champion : Dennis Appiah, footballeur professionnel, vainqueur de la coupe de France 2022

J'ai commencé la cohérence cardiaque il y a un peu plus de deux ans maintenant. Je recherchais un moyen de calmer mes pensées intérieures et incessantes. Je cherchais aussi à faire redescendre la pression avant les matchs, être calme et en pleine possession de mes moyens le moment voulu, faire taire les mauvaises pensées qui pouvaient apparaître à force de cogiter et aussi pouvoir dormir lorsqu'en pleine nuit je me réveillais et que je n'arrivais plus à retrouver le sommeil.

J'ai commencé à pratiquer la cohérence cardiaque à hauteur de 5 minutes par séance 3 fois par jour avec alternance de 5 secondes d'inspiration, 5 secondes d'expiration. Les effets de la cohérence cardiaque m'apparaissent presque immédiatement après la séance. Je me sens comme apaisé, serein, je vis le moment présent. Les informations à traiter me semblent claires et au ralenti. Mon excitation s'est apaisée et il n'y a plus de sensation de précipitation. Les mauvaises pensées se sont envolées. Lorsque je la pratique dans mon lit, avant de dormir, je me sens calme comme proche du sommeil, prêt à rejoindre les bras de Morphée. Mon cerveau ne traite plus mille informations et pensées en même temps et le flux de mes pensées ralentit.

J'ai pour habitude de pratiquer la cohérence cardiaque plutôt seul ou lorsque je peux rentrer dans ma bulle. Je pratique donc dans ma voiture, dans mon lit et il m'arrive, avant mes matchs, de pratiquer dans le bus juste avant d'arriver au stade. C'est une pratique que j'ai validée et que je recommande pour les personnes qui souhaitent être ancrées dans le moment présent, pour apaiser son esprit ou encore se préparer à une concentration extrême.

Outil – La respiration carrée (et ses variantes)

Au lieu d'avoir un curseur qui monte et qui descend, passons à présent à un curseur traçant un carré. Lorsqu'il monte, on inspire. Lorsqu'il va vers la droite, on bloque sa respiration. Dès qu'il descend, on expire. Enfin on bloque de nouveau sa respiration lorsqu'il va à gauche pour revenir au point de départ.

Chaque côté du carré peut être parcouru en 4 secondes au début. Vous aurez ainsi un cycle respiratoire de 16 secondes.

La respiration carrée

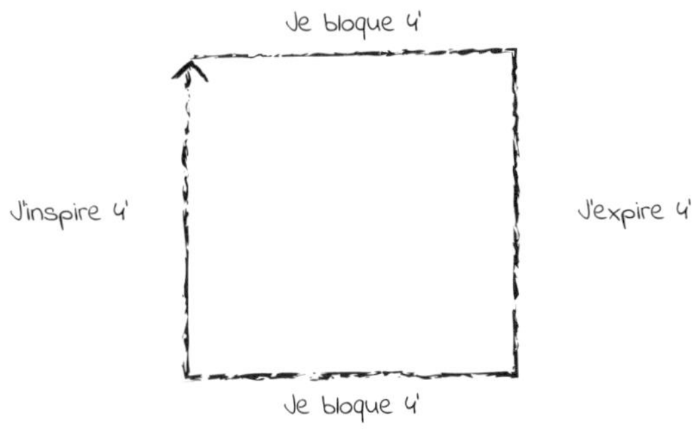

Variable - : Le « côté » le plus difficile de cette technique est d'être en apnée après les 4 secondes d'expiration. Si cette étape est désagréable, vous pouvez tout à fait en adapter la durée.

Variable + : Si vous avez pratiqué plusieurs fois la respiration carrée et êtes très à l'aise avec celle-ci, vous pouvez la faire varier de manière « pyramidale ». Les deux premiers côtés restent identiques : inspirez 4 secondes, puis bloquez votre respiration 4 secondes. Les deux côtés suivants s'allongent d'1 seconde à chaque cycle respiratoire jusqu'à un maximum, avant de revenir à la respiration carrée. Essayez d'aller le plus loin possible dans vos temps d'expiration et d'apnée (ici on s'arrête à 9 secondes).

Inspirez 4 / Bloquez 4 / Expirez 4 / Bloquez 4

Inspirez 4 / Bloquez 4 / Expirez 5 / Bloquez 5

Inspirez 4 / Bloquez 4 / Expirez 6 / Bloquez 6

Inspirez 4 / Bloquez 4 / Expirez 7 / Bloquez 7

Inspirez 4 / Bloquez 4 / Expirez 8 / Bloquez 8

Inspirez 4 / Bloquez 4 / Expirez 9 / Bloquez 9

Inspirez 4 / Bloquez 4 / Expirez 8 / Bloquez 8

Inspirez 4 / Bloquez 4 / Expirez 7 / Bloquez 7

Inspirez 4 / Bloquez 4 / Expirez 6 / Bloquez 6

Inspirez 4 / Bloquez 4 / Expirez 5 / Bloquez 5

Inspirez 4 / Bloquez 4 / Expirez 4 / Bloquez 4

Dans tous les cas, gardez à l'esprit qu'en ralentissant volontairement votre fréquence respiratoire, vous vous faites du bien. Concentré dans le présent, vous optimisez vos mouvements respiratoires, moins nombreux et plus amples.

Outil – La marche en pleine conscience

Reprenons ici la notion de réceptivité vue dans la clé précédente. L'idée est d'être pleinement conscient de sa respiration tout en marchant. Vous pouvez, dans un premier temps, vous inspirer du principe de la marche afghane. Cette technique propose de caler la respiration sur ses pas.

Exemple : inspirez pendant 4 pas, bloquez votre respiration sur le cinquième pas ; expirez pendant 4 pas et réalisez de nouveau une apnée sur le pas suivant, ainsi de suite. Il s'agit alors d'un rythme 4-1-4-1.

Nous retrouvons très vite des notions qui vous sont maintenant familières : ralentissement de la fréquence respiratoire, conscientisation de la respiration, allongement de l'expiration qui stimule le système nerveux parasympathique.

Bref, vous vous faites du bien et je suis persuadé qu'ainsi, vous faites également du bien autour de vous. Plus détendu après ces pratiques, vous êtes capable de faire davantage preuve d'écoute tout en prenant du recul sur les enjeux qui vous entourent. Là où Fernand vous certifie que tout est grave et important sans aucun discernement, ces respirations vous permettent peu à peu de mettre votre ami en sourdine. Telles des vagues continues, effaçant un message écrit sur le sable, votre respiration ample et lente dilue les propos de Fernand jusqu'à les rendre inaudibles, perdus dans votre océan de détente. #jauraisduêtrepoète

PRENDRE UNE BOUFFÉE D'AIR FRAIS AUTREMENT

J'aurais pu vous parler de cet entrepreneur partageant sur les réseaux sociaux qu'il allait « travailler à fond pendant cinq ans pour ensuite pouvoir profiter ». Nous aurions pu découvrir la vie d'un adolescent en centre de formation, faisant son maximum pour devenir sportif professionnel, délaissant d'autres sphères de sa vie qui auraient pu l'enrichir. Enfin, en cherchant dans mes souvenirs, il m'aurait été possible de vous présenter quelques étudiants croisés par le passé qui donnaient une place énorme à leurs études, y dédiant la quasi-totalité de leur temps éveillé.

J'ai fait le choix de vous présenter Maxime. Ce jeune homme est arrivé en école d'ingénieurs en provenance de Rennes. Ancien joueur du Stade rennais et étudiant en économie, il décide de rejoindre Angers afin d'y intégrer une école d'ingénieurs agricoles. Dans le même temps, son niveau sportif lui permet d'intégrer la réserve du SCO, le club de foot d'Angers. Par définition, Maxime ne pouvait pas s'investir à 100 % dans ses études ET dans son projet sportif. Quand certains se prépareraient de longues heures aux prochains partiels, Maxime devrait filer à l'entraînement. D'un autre côté, là où des footballeurs aspirants s'entraînaient quotidiennement et avaient du temps pour penser au prochain match, ou à la contre-performance de la dernière opposition, Maxime devait réviser ses cours ou préparer les prochaines évaluations scolaires. Il était dans un double projet.

Sans parler de complémentarité entre ces deux univers, le passage de l'un à l'autre s'apparente à une respiration. J'ai vu des étudiants de classes préparatoires se priver de leur activité sportive, culturelle ou de leurs amis pour « mettre toutes les chances de leur côté ». J'ai échangé avec des entrepreneurs, qui, pendant trois ans, ont travaillé plus de 80 heures par semaine, délaissant tous les autres pans de leur vie.

Mon propos n'est pas de dire que cela n'est pas efficace. Nombreuses sont les personnes qui atteignent leurs objectifs : un concours, une entreprise viable, une « apparence irréprochable »… en s'investissant à 200 %. Mais à quel prix ? Est-ce efficient ? Certains mettent leur santé en danger pour y parvenir. Nous ne sommes pas ici, je crois, dans une approche de sport de haut niveau où seule l'excellence pourra être visible et bien souvent reconnue. Je repense aux propos d'Apolo Ohno, octuple médaillé olympique, dans le documentaire de Michael Phelps, *Le Poids de l'or* : « *Dans la finale homme du 500 mètres des JO 2002, la différence entre la médaille d'or qu'on va fêter et la quatrième place, c'est ça* [il tape deux fois rapidement dans ses mains]. *Quatre hommes sont passés dans ce laps de temps. C'est le travail de toute une vie. La différence, c'est que le type qui a gagné, on le fête, on le regarde, on l'aime. Le quatrième, on n'en entend plus parler. Il disparaît.* »

Je crois que, dans notre vie quotidienne, nous sommes rarement confrontés à une telle intransigeance du résultat et du temps qui passe. Dans quel cas vous dit-on « C'est maintenant ou jamais » ? C'est l'une des grandes différences entre les sportifs pros et les entrepreneurs que j'accompagne dans leur recherche de performance. Personne ne dit aux seconds : « C'est ta dernière chance, vraiment ! » Dans de nombreux sports, l'âge avançant, la nouvelle génération arrivant, la fenêtre de performance est courte, quelques années. Les places sont très chères. Ce n'est pas notre cas. Certes,

Fernand, soucieux par nature, nous dira toujours qu'il faut s'inquiéter de cela, faire attention à ce point, qu'il faut travailler plus pour sécuriser notre entreprise, être encore plus disponible pour bien élever nos enfants, sinon… quoi ?

Je me remémore la phrase de ma femme qui m'a dit un soir, alors qu'elle préparait l'agrégation de lettres : « De toute façon, je suis certaine qu'un jour je serai agrégée ! » Je lui ai demandé sur quoi s'appuyait cette certitude, s'agissant d'un concours où 10 % des candidats sont admis : « Je tenterai ma chance jusqu'à ce que je l'obtienne. » Elle avait tellement raison. Il lui serait toujours possible de passer l'agrégation dans dix, quinze, ou même vingt-cinq ans si tel était son choix et de profiter de son expérience. Un sportif professionnel ne pourra pas le faire sur une période si longue. Comme le dit Denis Podalydès dans *En corps*[5], le film de Klapisch : *« Si tu construis ta vie sur ton corps, à 35 ans, t'es à la retraite. T'es obligé d'avoir au moins deux vies. »*

Clara Matéo, footballeuse professionnelle au Paris FC et en équipe de France, assume clairement un double projet, reprenant à son compte les conseils de l'acteur. À la question d'un journaliste de *L'Équipe* : *« Comment être performante dans ses deux activités ? »* Elle répond : *« J'ai été diplômée en 2020 et j'ai signé mon CDI le 8 mars 2021. Je travaille à 40 % au sein d'Arkema en tant que "business développeur", sur le marché du sport essentiellement, avec beaucoup de télétravail. Le foot a forcément plus d'importance à l'heure actuelle, mais l'idée est qu'à la fin de ma carrière, je me concentrerai à 100 % sur ma vie*

5. Élise Gauthier, danseuse étoile de 26 ans se blesse à la cheville, ce qui l'empêche de poursuivre la carrière artistique de ses rêves. *Of course*, je ne raconte pas la fin !

d'ingénieure. Je me sens vraiment épanouie avec mes deux projets, j'ai besoin des deux. La journée, je pense à autre chose et, quand j'arrive au foot, je suis à fond dans l'entraînement. Avant que je n'obtienne ce poste, je trouvais l'idée du double projet compliquée. Finalement, j'arrive à être performante et épanouie. »

Le double projet permet une aération du corps et de l'esprit. Le passage de l'un à l'autre offre la possibilité de relativiser les enjeux, de nuancer les situations et d'être ainsi plus efficient. Je l'ai constaté à plusieurs reprises :

– un rugbyman professionnel s'arrange systématiquement pour travailler une demi-journée par semaine dans une entreprise partenaire du club et qui le sortait ainsi de la bulle dans laquelle il était ;

– un cadre d'une entreprise pratique quotidiennement une activité physique afin de gérer son stress et de se vider la tête des dossiers » ;

– un footballeur professionnel décide de reprendre ses études à distance pendant sa carrière…

Tous ont vu un intérêt personnel et professionnel à l'intégration d'un double projet. Encore une fois, il n'est pas question ici de l'envisager comme une deuxième activité tout aussi chronophage que votre travail par exemple. Il n'y a pas non plus obligation d'avoir un enjeu équivalent dans les deux projets. Ces derniers points auraient d'ailleurs tendance à réveiller Fernand. L'idée est d'intégrer que ce n'est pas en faisant plus que l'on fait mieux. Respirer, sortir la tête du guidon et contempler le paysage est le meilleur moyen de « lâcher votre banane » ! Garder du temps pour une autre activité, un autre projet, n'est pas contre-productif. D'ailleurs, il m'arrive de temps en temps d'avoir à « démotiver » un sportif professionnel ou un entrepreneur.

> Il y a quelques années, à la suite d'une blessure, un footballeur professionnel a souhaité faire de la préparation mentale. En plus du travail de rééducation et de réathlétisation, son souhait était de travailler sur sa confiance dans ses capacités physiques. Nous étions début juin. Tous ses collègues étaient en vacances pour quelques semaines. Ils allaient revenir à la fin du mois pour entamer une nouvelle saison. Les membres du staff, le préparateur physique et le préparateur mental avec lesquels il collaborait, lui conseillaient de prendre quelques jours de vacances. Son épouse, *idem*. Cependant, le joueur estimait qu'il ne fallait surtout pas s'octroyer 4-5 jours de repos. Selon lui, cette pause mettrait en péril son objectif d'être là dès la reprise. Il refusait même le simple fait de changer de lieu le temps d'une échappée qui, par ailleurs, aurait été salutaire pour lui et sa famille. Il était en apnée, obnubilé par son retour. Mal lui en a pris. Incapable de revenir dans les temps qu'il s'était fixés, mis au placard par le club, il s'est de nouveau blessé. Fatigué et sans les ressources physiques et mentales pour faire face à cette situation, il n'a plus jamais participé à un match officiel. Il lui restait pourtant deux ans de contrat.

Le mieux est l'ennemi du bien. Fernand a du mal à l'entendre, c'est à vous de le lui faire comprendre. Pour cela, investissez-vous dans un autre projet. Un marathon dans douze mois ? Une partie de la Loire à vélo et ses châteaux l'été prochain ? Trois week-ends de formation afin de mieux utiliser votre appareil photo et de faire de magnifiques portraits ? Une microentreprise dans un secteur qui vous fait vibrer en parallèle de votre activité ?

Peu importe. Offrez-vous cette respiration. Certes, Fernand ne sera pas d'accord : « *Tu n'as déjà pas de temps pour toi. À quoi cela va-t-il te servir ? Un marathon… quelle idée ? Pfff, pédaler, crever, regonfler les pneus tous les deux jours, non merci ! Il y a de superbes reportages qui nous montrent les châteaux !* » Vous commencez à connaître le phénomène Fernand. Il n'est pas méchant, il est simplement toujours à la recherche de routine, de confort, quitte à tomber parfois dans l'ennui. Prouvez-lui que non seulement vous êtes absolument capable de mener ce double projet, mais qu'en plus celui-ci vous fera du bien !

À retenir

Le rythme de vie et le peu d'attention que l'on porte à sa respiration développent majoritairement le système nerveux sympathique, celui qui participe à notre stress.

La respiration agit sur notre système nerveux autonome.

L'expiration sollicite le système nerveux parasympathique.

Un allongement de l'expiration et une diminution de la fréquence respiratoire permettent la détente et influencent directement notre fréquence cardiaque.

Le double projet contribue à l'épanouissement et à l'efficience.

“ Avant le pipiri chantant,

Quand Fernand ne me laisse kiltran,

Calme, j'expire profondément

Et le laisse parler len... te... ment... ”

CLÉ 6

FAITES COMME SI

« Balance man ! Cadence man !
Trace la glace man ! C'est le bob man !
Cool Rasta ! »
Rasta Rocket

☺ : Votre langage corporel peut être maîtrisé quand vous le jugez nécessaire.

☹ : Vous n'avez aucune conscience de votre langage corporel ni de l'influence négative qu'il peut avoir sur vous.

> Début 2014, Angers
>
> Tout se déroule dans le meilleur des mondes au sein de notre famille… pour quelques heures encore. Mayeul et Adèle se sont bien adaptés à leur nouvel environnement à la suite de notre déménagement l'été précédent. L'aîné, en grande section, et la seconde, en petite section, vivent un début de scolarité classique avec ses joies, ses peines, ses frustrations, les premières amitiés fondatrices qui durent encore actuellement, huit ans plus tard, et 700 kilomètres plus loin… Bref, la belle vie !

Le jour du « drame », nous n'avons absolument rien vu venir. Tout indiquait qu'il s'agissait d'une journée comme une autre : école pour les enfants, boulot pour les parents, retour à la maison « en marchant sur le trottoir et en faisant attention en traversant ».

Au moment du goûter, Mayeul s'écrie : « Ça y est, j'ai perdu ma dent ! » Visage radieux, il tient fièrement dans sa main le petit bout d'émail fraîchement tombé et poursuit, joyeux : « Ce soir, la petite souris va passer ! Tu sais, Adèle, la petite souris va venir ce soir et va même m'apporter de l'argent ! » La petite sœur de 3 ans écoute, circonspecte.

Quelques heures plus tard, câlinant ma fille assise sur mes genoux, je dis : « Adèle, on va monter se coucher. » À ce moment-là, son visage change soudainement et elle me dit, en commençant à pleurer : « Je ne veux pas aller dormir, j'ai peur de la petite souris ! Je ne veux pas qu'elle vienne dans la chambre ! » Vous l'avez compris, à cette époque, nos deux enfants dorment dans la même chambre. Alors qu'elle ne l'avait pas manifesté à l'heure du goûter, l'échéance étant à présent imminente, Adèle m'explique très clairement sa peur vis-à-vis de ce petit animal qui va rentrer dans la pièce pendant son sommeil. Fernand devait lui parler depuis tout à l'heure, imaginant les pires scénarios. Alors qu'elle est toujours assise sur mes genoux, face à moi, je lui dis :

« Peux-tu me redire : j'ai peur de la petite souris, puis tu me tires la langue ?

– J'ai peur de la petite souris..., puis une petite langue timide sort. Feignant la surprise et l'incongruité en voyant sa langue, ses yeux deviennent déjà malicieux.

– Peux-tu le redire en tirant plus la langue ?

– J'ai peur de la petite souris... », suivi d'un tirage de langue en bonne et due forme qui fait rire ma fille.

Il n'était pas fréquent que je l'invite à une telle activité. Nous avons poursuivi ce moment ludique en répétant la même phrase mais en variant le comportement : tirer la langue, faire une grimace, chanter, modifier sa voix...

Vous souvenez-vous de notre sensibilité à la forme de nos propos ? Le simple fait de changer le comportement d'Adèle, sans même chercher ici à modifier son « mantra » a incontestablement transformé son état interne. Il est essentiel pour moi d'insister sur ce point. Je n'ai pas essayé de nier son propos. Nous avons joué avec celui-ci. Ainsi, sa voix, son visage et sa posture ont changé[1].

Elle est allée, quelques minutes plus tard, se coucher joyeuse. Je crois que Benoîte Groult n'aurait pas renié ce moment *« car le plus dur dans le malheur, ce n'est pas tellement d'être malheureux, c'est de se trouver privé de son minimum vital d'insouciance, de ce recours aux rires ou, mieux encore, au fou rire salutaire qui fait sauter vos circuits et vous laisse pantelant, exhalant un de ces soupirs qui délivrent des pires tensions. Le malheur est désespérément sérieux*[2] *»*.

Quand Fernand nous exprime ses craintes et que nous l'écoutons attentivement, peu à peu ou parfois subitement, nous adoptons un langage corporel en adéquation avec ses propos. Nous nous synchronisons. Le « dehors » reflète le « dedans », un peu comme la partie émergée de l'iceberg

1. Comme le dit le Dr Fernando Marmolejo-Ramos qui a mené une étude dans laquelle des personnes étaient amenées à reproduire un sourire en maintenant un stylo dans la bouche : *« Lorsque vos muscles vous disent que vous êtes heureux, vous avez plus de chances de voir le monde qui vous entoure d'une manière positive. »* Le sourire, même forcé, stimule l'amygdale qui est le centre émotionnel du cerveau. (« Your Face and Moves Seem Happier When I Smile », *Experimental Psychology*, janvier 2020.)

2. *Les Vaisseaux du cœur*, Le Livre de poche, 1990.

atteste sa partie immergée. Les deux s'alimentent, se confirment mutuellement le danger ou tout du moins l'enjeu de la situation. Voici ce que nous allons expérimenter *via* cette clé.

Parfois, en début de collaboration, j'explique à un sportif ou à un entrepreneur que le terme « préparateur mental » peut être trompeur. Tout comme l'imagerie mentale concerne les cinq sens, dans le cadre de mon métier, je suis attentif aux émotions et aux comportements des personnes avec lesquelles je collabore, pas uniquement à leur mental. Aussi, il peut nous arriver d'avoir des séances spécifiques sur le langage corporel. Ce dernier est très clairement un mode de communication inter- et intrapersonnel. Alors que nous travaillions avec un étudiant son langage corporel quelques jours avant un entretien important pour lui, il me dit : « Monsieur, en fait ce que vous me demandez de faire, c'est du théâtre ! J'ai du mal à y croire ! » Je ne pouvais que comprendre son point de vue. Il ne savait pas encore que notre posture, nos mimiques influencent directement nos états internes, tout comme elles influencent, parfois durablement et dès les premières secondes, nos interlocuteurs. Pour illustrer cela, il m'arrivait de montrer aux étudiants des photos de personnes inconnues, pendant une demi-seconde. Malgré ce court laps de temps, ils étaient toujours capables d'émettre un avis plus ou moins détaillé sur des caractéristiques de confiance, d'estime, d'émotions exprimées par la personne qu'ils avaient entraperçue. Cela atteste de la réalité de la communication induite par nos postures, nos mimiques et même nos tenues, en une fraction de seconde !

Je ne résiste pas au plaisir de partager avec vous l'anecdote qu'un ancien voisin m'a racontée il y a quelques années.

Baptiste pratique la course à pied et le tennis. Un jour, il m'explique : « À l'occasion de certains matchs de tournois de tennis, je mets un maillot de finisher d'un marathon. J'aime bien voir la tête de mon adversaire lorsque j'enlève ma veste, devant lui afin d'être certain qu'il puisse bien lire l'inscription sur le tee-shirt avant l'échauffement. Dès le début, je le sens démoralisé, comme si j'avais déjà pris un avantage sur lui, alors qu'il ne m'a pas vu jouer… et qu'on aurait parfaitement pu me le prêter ! Dès les premiers échanges, je fais exprès de courir partout comme un lapin, de montrer que je suis en pleine forme. Le match n'a pas encore commencé que je me sens dans la peau d'un gagnant et mon adversaire dans celle d'un probable perdant, et je fais tout pour que cela continue ainsi ! » Vous connaissez les prophéties autoréalisatrices ? Baptiste était fier de lui ! Par son attitude, aidé de son tee-shirt, il communiquait avec son adversaire. Ce dernier entrait alors tranquillement en discussion avec son Fernand : « Ah, il court des marathons ? Pff, il doit être endurant et capable de courir aux quatre coins du terrain. Il cavale partout dès l'échauffement Si le match dure, il sera plus en forme que moi ! » Bien entendu, nos représentations mentales étant subjectives, il est tout à fait possible que d'autres adversaires aient un autre discours interne. Pour autant, à l'aune de statistiques de la plus grande fiabilité, Baptiste est plutôt satisfait de son pourcentage de victoires lorsqu'il endosse un T-shirt de marathonien !

Vous arrive-t-il souvent de vous contredire spontanément ? Je ne le pense pas. Nous n'aimons pas nous contredire. Si notre toute première impression est favorable ou défavorable vis-à-vis d'une personne que nous n'avions jamais vue 10 secondes avant, nous persisterons dans ce jugement. Autrement dit : nous croyons ce que nous croyons, sans avoir en notre possession pléthore d'arguments. C'est tout l'enjeu du travail de langage corporel que je faisais avec cet étudiant. Certes, il était amené à exercer sa démarche de confiance, de manière non spontanée dans un premier temps, et celle-ci devenait un premier message transmis à ses interlocuteurs. Si, le jour J, il arrive dans le bureau des recruteurs avec une démarche exprimant une confiance saine, en étant souriant, en regardant ses interlocuteurs dans les yeux, que vont-ils se dire ? Quelle va être leur première impression ? Rappelez-vous, nous construisons aussi notre confiance dans le regard de l'autre.

J'apprécie de regarder de temps en temps Zlatan Ibrahimovic juste pour observer son langage corporel et ses mimiques. Il est un adepte du langage corporel dominant, des « positions de force ». Elles ont certes un impact sur la posture de certains de ses adversaires et partenaires, mais également sur la perception qu'il a de lui[3]. Bien que la communication soit une danse qui se joue régulièrement à plusieurs, elle est aussi intrapersonnelle, il est essentiel de le comprendre. Mes postures, mes mimiques me parlent y compris à mon insu. Elles influencent les propos de Fernand ! Nous pouvons l'illustrer avec le schéma ci-contre.

---

3. Dans une étude datant de 2015 (Assessing the Robustness of Power Posing: No Effect on Hormones and Risk Tolerance in a Large Sample of Men and Women, 2015), Ranehill E. *et al.* concluent : « *Nos résultats ont montré un effet significatif de la position de pouvoir sur les sentiments de pouvoir autodéclarés.* » Le fait de tenir une position de confiance pendant 2 minutes influence la perception que nous avons de notre pouvoir d'agir.

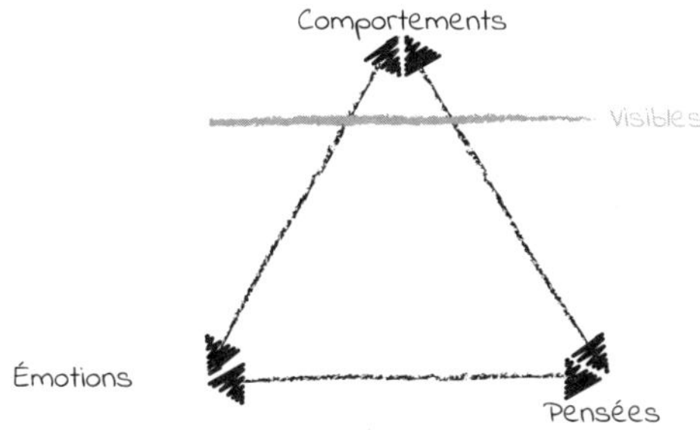

Nos comportements sont visibles. Nos émotions et nos pensées, elles, ne le sont pas, en revanche, elles induisent des comportements qui sont révélateurs. D'ailleurs, n'y a-t-il pas des personnes dont vous devinez les pensées simplement en les regardant ? Vous lisez en elles comme dans un livre ouvert. Nous avons vu l'impact des pensées, des représentations sur nos comportements. Rappelez-vous le ROC ! C'est parce que Fernand nous explique que nous n'arriverons jamais à courir un marathon ou à lancer notre entreprise que nous n'osons pas… et c'est parce que nous n'osons pas qu'il peut le dire.

Voici deux exemples qui nous montrent une autre clé en agissant prioritairement sur le corps. Car, vous l'avez vu, les sommets de notre triangle Pensées-Émotions-Comportements sont reliés par des flèches à double sens. Votre corps, votre langage corporel, en plus d'influencer les autres, influence également Fernand !

Des chercheurs de l'université d'Ulster ont testé la performance de 24 coureurs. Ces derniers effectuaient quatre passages de 6 minutes sur un tapis roulant à une vitesse définie. Ils portaient un masque permettant de mesurer précisément leur consommation d'oxygène. Ils devaient, selon les passages, courir en fronçant les sourcils, en souriant, en gardant un visage neutre ou enfin, en relâchant au maximum le haut du corps. Les chercheurs ont constaté que c'est lorsqu'ils souriaient que les coureurs consommaient le moins d'oxygène et donc avaient besoin de moins d'énergie. Leurs mimiques souriantes influençaient directement leur perception de l'effort.

Autre étude[4], même conclusion : en 2010, des chercheurs ont montré que l'injection de Botox diminuait la capacité à vivre pleinement certaines émotions. L'administration, même à faible dose, du produit induit une modification des mimiques, donc du comportement. Ayant du mal à adopter telle ou telle contorsion faciale, l'individu ressent moins l'émotion qui s'y rattache. Riche de cette information, j'ai tout de suite proposé à ma compagne une injection de Botox au niveau de la ride du lion afin qu'elle ne puisse plus froncer les sourcils et un lifting lui permettant d'arborer un sourire permanent ! Que de la joie, plus de colère ! À moi la belle vie avec une chérie toujours heureuse !! Je me suis permis de demander au chirurgien s'il pouvait me faire un prix groupé pour Fernand et quelques autres personnes !

Est-il nécessaire de préciser que je plaisante ? Plus sérieusement, ces informations sont capitales. Nous avons vu jusqu'à présent à quel point Fernand pouvait, par ses propos, nous tendre, nous crisper, nous *stringere*. Nous avons vu également que des approches mentales pouvaient rassurer notre ami, le faire taire. Tout comme pratiquer des respirations en conscience.

---

4. Davis JI et coll., "The Effects of BOTOX Injections on Emotional Experience", *Emotion*, Volume 10, Issue 3, June 2010, p. 433-440.

Il est intéressant d'avoir à l'esprit que notre corps envoie également des messages très clairs à Fernand. D'où l'intérêt de considérer spécifiquement notre langage corporel. L'idée n'est surtout pas de devenir des automates sans spontanéité mais simplement d'être attentif, de temps en temps, à la manière dont nous nous comportons. Certes, Léa, l'étudiante qui manquait de confiance en elle, a pu restaurer cette habileté en utilisant un carnet du même nom. Cet outil lui allait très bien car elle était très sensible à l'aspect mental du stress. Pour d'autres personnes, il sera tout à fait pertinent de centrer leur attention en premier lieu sur leur langage corporel. C'est exactement ce que je me suis attaché à faire avec ma fille qui, dans son esprit, s'apprêtait à passer la nuit dans un zoo maléfique hanté par un rongeur carnivore et sauvage. Son changement d'attitude a modifié son intériorité du tout au tout. Et il en est de même à l'âge adulte ! Je l'ai expérimenté à de nombreuses reprises lors d'accompagnements. Je me souviens de cet attaquant qui avait tendance à ruminer plusieurs minutes les actions qu'il ratait lors des matchs. Son comportement l'exprimait clairement et il me le confirmait lors de sessions d'autoconfrontation[5]. Estimant que l'entrée la plus efficiente de son triangle était justement le comportement, nous avons élaboré conjointement une nouvelle routine comportementale l'aidant à passer à autre chose plus rapidement et à se focaliser ainsi sur le présent. Je vous rassure, il ne devait pas chanter « J'ai peur de la petite souris » à tue-tête !

---

5. Séance de préparation mentale pendant laquelle un individu est amené à commenter rétrospectivement une vidéo le montrant en action. En s'appuyant sur ses comportements, il explicite les pensées et les émotions qu'il avait à ce moment-là.

Ce qui est compliqué avec cette approche est que nous avons rarement conscience de notre langage corporel. Nous n'avons pas, contrairement à des sportifs professionnels ou des hommes politiques, la possibilité de faire une session d'autoconfrontation avec les images de notre dernière prise de parole publique ou personnelle et c'est heureux parfois.

« Dis donc, chéri, je t'ai trouvé un peu tendu tout à l'heure quand tu répondais à ma mère au moment du dessert !

– Bah non, pas spécialement.

– Bah si ! Regarde, j'ai les images ! Alors, on se fait une session d'autoconfrontation ?

– …

– Pourquoi t'acharnes-tu ainsi à écraser ta meringue dans ton assiette quand tu lui parles ?

– En même temps, ta mère venait de me demander si elle pouvait emménager chez nous pendant les deux mois de travaux dans son appartement.

– Hmm… Laisse-moi t'offrir un peu de Botox tout de même ! »

Certes, nous n'avons pas tous la possibilité de nous voir agir, en revanche, après les quelques lignes que vous venez de lire, vous connaissez l'impact considérable qu'ont vos comportements sur vos représentations mentales et vos émotions. Ainsi, il vous est possible d'y être attentif de temps en temps. Cela peut devenir un objectif de processus et/ou de performance. Par exemple : « Devant tel dossier ou client épineux, mon visage reste détendu. Mon front est lisse. L'espace entre mes sourcils est grand » ou encore : « Pendant le trajet pour aller au travail ou rentrer à mon domicile, je souris à trois occasions tout en ralentissant ma respiration » ou enfin – je parle de mon cas : « Quand mon adolescent, qui n'est plus trop branché "petite souris", me demande pour la troisième fois de la journée si je peux débloquer son temps d'écran, je réalise mon ancrage de détente[6], j'installe un sourire plein d'amour sur mon visage avant de répondre. »

Allons faire un tour du côté des outils ! Ces derniers sont la gestion du stress en passant par le sommet « comportement » de notre triangle.

Outil – Souriez !

Avec un stylo entre les dents ou non, souriez. Tel un champion, focalisez-vous sur le processus. Vous serez surpris des résultats. Cette contraction musculaire sans spontanéité peut vous sembler loufoque mais nous avons vu son incidence sur Fernand. Pour vous aider, n'hésitez pas à créer votre propre Smoothie.

Exemple : profitez de vos 5 minutes de cohérence cardiaque pour installer sur votre visage un léger sourire. Dans le même temps, pourquoi ne pas repenser à votre meilleur souvenir de vos dernières vacances ? Secouez 5 minutes, effet garanti ! Comme Katy Perry, vous chanterez : *« But now I got back that smile (smile). I'm so thankful. »*

6. On en parle très bientôt !

Outil – Faites comme si !

Les postures de force modifient la perception que nous avons de nous-mêmes. Je vous propose de pratiquer le « faire comme si ». Prenons l'exemple d'une personne voulant ressentir davantage de détente. Son objectif est de se rapprocher au maximum du langage corporel qu'elle a lorsqu'elle est détendue.

Amusons-nous ! Essayons maintenant ! Je vous propose, pour la première fois, de commencer cet exercice debout.

1/ Pouvez-vous me montrer le regard que vous avez quand vous êtes détendu ? Amusez-vous ! Cherchez. Avez-vous un regard particulier dans ces moments de détente ?

2/ Comment est votre visage lorsque vous êtes détendu ? A-t-il une expression singulière, propre à ces instants ? Prenez le temps, nous l'avons vu, nous sommes relaxes !

3/ Et comment sont vos épaules, vos bras dans ces moments apaisés ? Ont-ils une position récurrente ? Une sensation particulière ? Là aussi, amusez-vous, menez l'enquête, testez !

4/ Comment est votre colonne vertébrale lorsque vous êtes détendu ? Comment se tient-elle ?

5/ Et votre respiration ? Il est important de vous demander comment vous respirez lorsque vous êtes complètement détendu. A-t-elle dans ces moments-là une fréquence particulière ? Une respiration ventrale ?

6/ Et votre bassin ? Et vos jambes ? Là aussi, retrouvez les sensations, les positions, que vous avez lorsque vous êtes détendu.

7/ Et, au fait, comment est votre démarche dans ces moments-là ? Déplacez-vous, marchez en essayant de retrouver le relâchement, l'amplitude, le rythme qui sont les vôtres lorsque vous déambulez, complètement détendu. Alors, vous trouvez ?

Plus complexe et aussi plus drôle : Amusez-vous à présent à vous déplacer en ayant le regard, le visage, les bras, les épaules, la respiration, la colonne vertébrale, le bassin, les jambes, la démarche d'une personne détendue, relax, *cool* !

En adoptant le comportement que vous avez lorsque vous êtes détendu, vous ressentez peu à peu en vous cet apaisement, cette détente. Plus vous vous amuserez souvent à « faire comme si », plus vous serez capable de retrouver facilement cette sensation : détente, confiance, motivation…

Le « faire comme si » est donc un outil éphémère. Vous *faites comme si* au début, puis vous ressentez réellement l'état interne. Vous modelez votre cerveau. Vous vous créez une ancre… que nous allons aborder dans quelques pages.

Outil – Ayez les CRO !

Vous êtes à présent un habitué de ces trois lettres, quel que soit leur ordre ! Nous l'avons vu tout au long de ce chapitre, le comportement modifie nos représentations. Ici, je l'envisage également comme le fait d'agir, de se mettre en action. Que ce soit dans le cas de ma fille qui avait peur de la petite souris ou du joueur qui ruminait ses actions manquées, nous avons modifié d'abord le comportement afin d'accéder à une nouvelle représentation, permettant un nouvel objectif.

Comportement : Je tire la langue, je chante, je ris.

Représentation : Cette petite souris devient quelque chose de drôle.

Objectif : Je vais aller me coucher.

Et vous, dans un cadre professionnel par exemple, quel pourrait être votre nouveau CRO aidant ?

Exemple

Comportement : Je bois mon thé dans la salle de pause avec les autres collègues plutôt que seul dans mon bureau.

Représentation : Cette collègue est plus sympa et intéressante que je ne le pensais.

Objectif : Développer la collaboration avec elle.

	Interférent (passé)	Aidant (futur)
C	Je bois mon thé seul pendant la pause. Je reste dans mon bureau.	Je vais boire le thé un jour sur deux dans la salle de détente avec les collègues.
R	Ces échanges sont une perte de temps. Ils n'ont pas d'intérêt.	Cette collègue est plus sympa, drôle et intéressante que je ne le pensais.
O	Je me préserve. Je travaille au maximum seul.	Développer la collaboration avec elle. Continuer de créer du lien social.

Outil – Ancrez-vous !

Pour expliquer ce qu'est une ancre, le plus simple est de se remémorer la madeleine de Proust : un stimulus sensoriel, en l'occurrence, pour Marcel Proust, goûter une madeleine le ramène automatiquement dans un état émotionnel particulier. C'est une connexion subjective et persistante, entre un stimulus et un état interne. Vous n'auriez pas la même sensation en dégustant cette pâtisserie. Je souhaite partager avec vous trois de mes ancres. Vous pourrez les utiliser en ma présence si on se croise et que vous souhaitez me faire plaisir !

Ancre 1 : l'odeur du citron vert

Le fait de voir ce petit agrume ne provoque rien de spécial en moi. En revanche, humer un citron vert me fait voyager instantanément dans le temps et dans l'espace. Cela me rappelle les Antilles où j'ai vécu et où j'ai eu l'occasion d'aller à plusieurs reprises lorsque j'étais enfant. Je replonge dans des ambiances conviviales. Je revis la chaleur et la beauté de ces lieux. Cette odeur me fait également penser au ti punch que je bois de temps en temps avec mon papa. Cette ancre m'apaise et me plonge dans une joie sereine, calme.

Ancre 2 : écouter *Giant* de Calvin Harris

Indéniablement, cette musique me fait monter en énergie. Ce qui n'est pas le cas de l'odeur de citron. Avant de parler en public ou de débuter un séminaire, il peut m'arriver de l'écouter. Dans ce type de contexte, je cherche la plupart du temps à faire une intervention détendue, avec un peu d'énergie et d'humour. Cette musique m'aide à être dans cette « *vibe* ». L'entendre sans l'avoir planifié me fait sourire, me donne envie de danser et d'agir. D'autres musiques peuvent avoir cet effet !

Ancre 3 : le geste discret

J'ai décidé de créer cette ancre exactement comme je vais vous le proposer dans un instant. J'ai associé un geste à un état de relâchement. Si je sens que la pression monte, ce geste va immédiatement contribuer à mon relâchement musculaire, puis mental dans un second temps. Pour être totalement transparent, je prends conscience en écrivant ces lignes que j'utilisais principalement cette ancre lorsque j'enseignais en école d'ingénieurs. C'est à cette époque que j'ai découvert cette technique et son efficacité. Je la mettais en place dès que Fernand me parlait trop !

« Ils ne t'écoutent pas, là !

– Ça va venir. Ils ont eu une grosse journée.

– Non, ça ne va pas venir, ça va être le bordel, tu veux dire !! »

Égal à lui-même, Fernand se faisant une montagne de tout, cet ancrage me permettait de détendre mes muscles. Au niveau mental, le fait de décider d'utiliser l'ancre m'amenait à réfléchir sur ma façon d'interpréter la situation et d'échanger avec Fernand. J'étais alors en **métacognition**[7].

Pourquoi vous avoir présenté ces trois ancres ? Non, ce n'est pas pour vous montrer une infime partie de mes goûts musicaux - que certains trouveront douteux ! C'est parce qu'elles sont très différentes dans leur construction et dans le canal qu'elles utilisent. La première ancre est olfactive et sa construction est totalement involontaire. La deuxième est auditive. J'ai cherché rétroactivement quelles étaient les musiques qui me mettaient en joie et en énergie. Enfin, la troisième ancre est kinesthésique. C'est la plus construite des trois puisque j'ai décidé, en amont, d'associer volontairement

7. La métacognition est le fait de penser à notre manière de penser. Cela amène une prise de recul, une analyse qui peut être salutaire. Elle nous sort du mode mental automatique. Ainsi, nous pouvons être capable de nuancer, relativiser, de nous intéresser différemment à la situation. Quand vous dessinez les soleils ou prenez 10 minutes de pause, vous faites de la métacognition.

un stimulus particulier (le geste discret, qui sera par exemple se masser le poignet, appuyer un doigt contre un autre en pince) à une réaction interne (le calme, la sérénité). Un comportement induit une réaction.

On essaye ?

1/ Choisissez l'état ressource aidant

Précisez ici quelle ressource mentale/physiologique vous souhaitez ancrer. Ce sera, si l'on reprend l'exemple de mon ancre kinesthésique, la détente, le relâchement.

....

2/ Quand avez-vous senti pleinement cette émotion ?

Retrouvez dans vos souvenirs la fois où vous avez le plus éprouvé cette émotion. Replongez-vous pleinement dans cette situation, en y intégrant le maximum de détails du VAKOG. Optez de préférence pour une image associée. Dans mon cas, je peux penser aux différentes sensations que j'ai lorsque je me trouve dans un certain lieu du Vercors. Je vais ensuite vivre pleinement cet instant en imagerie en mobilisant autant que faire se peut les canaux visuel, auditif, kinesthésique et olfactif (dans une moindre mesure).

3/ Associez un ancrage à cette émotion

Lorsque vous êtes pleinement dans votre visualisation, associez-lui un ancrage : un mot, un geste, un son, une musique… En reprenant l'exemple de mon ancre, je fais le geste en même temps que je réalise mon imagerie mentale et que je ressens cet apaisement. Dans ce cas précis, il est même possible de retourner physiquement dans le lieu en question, de s'y immerger complètement et de réaliser l'ancre.

4/ Répétez l'étape 3 régulièrement, de sorte que votre ancrage vous mette dans l'émotion associée. Vous créez ainsi une relation entre l'état interne, perception de confiance, et votre corps *via* l'ancre.

5/ Testez votre ancrage périodiquement ! Sans repasser par la case ressource aidante ou imagerie, effectuez votre ancre. Elle sera de plus en plus efficiente.

Le tableau ci-contre vous permettra de garder une trace écrite des différentes étapes.

À retenir

Comportements, émotions et pensées interagissent.

Le comportement influence la représentation.

Le langage corporel est un moyen de communiquer avec les autres et avec soi-même.

Faire comme si vous aviez confiance, vous comporter comme tel, agit sur votre sentiment de confiance.

Dans quel contexte	Quelle ressource

Les souvenirs : quand ai-je ressenti cette ressource ?

L'ancrage : quelle ancre pour quelle ressource ?

Répétitions : Imagerie de l'ancre			
1		6	
2		7	
3		8	
4		9	
5		10	

Répétitions : Ancre seule			
1		6	
2		7	
3		!	
4		9	
5		10	

“ Enfant, en jouant, je faisais semblant.

Souvent, tous y croyaient, même les grands.

À présent, je poursuis le jeu,

D'un geste ou d'un zeste, j'adapte mon je. ”

CLÉ 7

JOUEZ AVEC LES TENSIONS

« T'es tendue comme une crampe.
– Mais non j'suis pas tendue.
– Si t'es tendue !
– Bah non.
– Si je te dis t'es tendue, t'es tendue (...)
Je te dis t'es tendue Natacha, c'est tout ! »
Claudy Focan et Natacha, *Dikkenek*

☺ : Vous avez gagné de la finesse dans la capacité de ressentir vos tensions corporelles. Vous savez les détendre et relâcher votre esprit par la même occasion.

☹ : Vous n'avez aucune conscience des tensions créées par le stress, elles-mêmes génératrices de stress.

> Nous avons passé de chouettes années à Angers, vivant dans un quartier où régnait une ambiance de village. Durant une discussion de fin de journée de travail, au hasard

d'une rencontre dans la rue, notre voisine, Paola, m'informa qu'elle souffrait du dos depuis quelque temps. Elle s'était résolue à aller consulter son ostéopathe, convaincue qu'elle s'était déplacé une ou plusieurs vertèbres lors d'un faux mouvement. Il n'en était rien. Le praticien lui révéla que son dos était parfaitement bien placé mais que sa contraction musculaire était forte, ce qui lui provoquait des douleurs. Elle n'avait pas *conscience* de son niveau de tension musculaire, ses radars sensoriels n'avaient pas capté cette information. ! Elle était *stringere*, « tendue comme un string », sans s'en apercevoir. Sommes-nous nombreux dans ce cas ? Sans doute ! Lorsque Paola me raconta cet épisode, je ne pus m'empêcher de penser à une phrase que l'on prête à Jacobson : *« On demande aux gens de se détendre alors qu'ils n'ont pas conscience d'être tendus. »* Sans être certain de l'auteur, je suis certain de l'utilité et de l'importance dans notre vie quotidienne d'avoir conscience, le plus pleinement possible, de nos états internes et physiques. La tension psychique crée la tension physique et inversement. Edmund Jacobson (1888-1983), médecin américain, s'est aperçu que notre activité mentale et nos émotions induisent des contractions musculaires. Une personne stressée ressent par exemple des tensions musculaires au niveau du dos, des trapèzes, de la mâchoire ou de l'abdomen. Jacobson propose donc d'apprendre à identifier ses tensions musculaires et à les relâcher. Ainsi, le pratiquant atteint la détente physique et mentale.

Combien sommes-nous à nous tendre musculairement à l'approche d'un événement que nous appréhendons ou si nous le revivons mentalement ? Prenez-vous conscience que vous serrez un peu plus fort votre volant et votre mâchoire lorsque vous êtes dans un embouteillage et déjà en retard pour votre prochain rendez-vous ? Votre respiration est-elle toujours ventrale lorsque vous échangez sur un point crispant avec un collègue, client ou membre de votre famille ? La liste des questions est infinie. Une dernière pour la route, quelque peu différente des précédentes : que se passera-t-il si, dans les embouteillages, vous desserrez votre mâchoire et votre prise du volant ? Cela vaut le coup d'essayer !

Certes, une plus grande contraction musculaire ne nous empêche pas de vivre. On arrive même à vivre avec sans s'en apercevoir. Cependant, les conséquences sont bien réelles : fatigue, sursollicitation du système nerveux sympathique, raideurs musculaires et articulaires, douleurs, irritabilité accrue. Bien entendu, cette mobilisation importante des muscles augmente le risque de blessures chez les athlètes. Il est courant de déplorer qu'un sportif changeant d'environnement, de club, de partenaires, donc en échange fréquent avec Fernand, se blesse musculairement. Il tire trop sur sa balançoire. Bref, **le stress nous pompe de l'énergie**.

Nous avons vu précédemment que la tension psychique crée la tension physique. L'inverse est vrai aussi. Par exemple, si vous êtes contracté au niveau de vos abdominaux ou de votre diaphragme sept heures par jour au boulot ou à la maison, cela aura une répercussion au niveau de votre mental et de vos émotions. Les deux autres sommets du triangle sont impactés. Mon objectif en vous donnant cette clé est que, dès aujourd'hui, dès maintenant, vous commenciez, même pendant quelques secondes, à porter votre attention sur vos tensions et vos zones de relâchement.

Interrogez-vous sur votre niveau de contraction musculaire. Si vous deviez vous donner une note de 0 à 10, là, tout de suite, résumant votre tonus musculaire, quelle serait-elle ?

Paola ne s'était jamais posé cette question. Il ne lui a pas été facile de me répondre la première fois que je la lui ai posée. À présent, elle peut le faire précisément. Nous demandons, voire exigeons, beaucoup de notre corps : faire bonne figure, aller ici, aller là-bas, rogner sur quelques heures de repos, aller faire du sport Nous sommes nombreux à prendre conscience de sa fragilité, de ses faiblesses uniquement lorsqu'il est blessé, diminué. À quel moment de la journée portons-nous attention à l'état de notre corps, voire aux signaux qu'il nous envoie ? Je ne parle pas ici d'une vieille connaissance qui reprend contact avec nous *via* un réseau social après des années de silence et que nous snobons. Je parle de notre corps ! Nous sommes constamment avec lui, en lui. Plus jeune, lorsque j'étais étudiant à l'UFR STAPS, j'ai trouvé passionnant le fait de mieux comprendre le fonctionnement de notre organisme : sa physiologie, son anatomie, sa biomécanique

Même sans chercher à entrer dans les détails, nous avons déjà beaucoup à apprendre de lui, et donc de nous, simplement en nous centrant sur la contraction musculaire. Quel est le niveau de contraction de mon front ? de ma voûte plantaire ? En portant attention, on progresse et on est de plus en plus fin dans la prise de conscience. On avance de plus en plus avec connaissance et lucidité. C'est sans aucun doute génial de pouvoir savoir ce qui se passe à l'autre bout du monde, mais il est aussi bien utile de savoir ce qui se passe en soi, en tout cas pour les éléments que nous pouvons conscientiser. Cela nous donne de la clarté et, comme le dit Tony Robbins, *« la clarté est un pouvoir »*. La clarté peut tout à fait concerner les objectifs que nous nous sommes fixés comme notre état de tension musculaire.

J'ai eu la chance de travailler avec une personne préparant le concours de pompier professionnel. Il avait déjà échoué plusieurs fois. L'une des épreuves consiste en une course d'endurance permettant d'évaluer la condition physique des prétendants. Le concernant, ses résultats étaient nettement inférieurs le jour J. Contrairement à Christian Clavier dans *Les Bronzés*, pas d'erreur de chrono pour notre futur pompier. En revanche, alors qu'il avait pleinement connaissance de l'enjeu que revêtait ce concours, il n'avait pas conscience, un peu comme Paola, de la tension musculaire qui était la sienne le jour de l'épreuve. Or qui dit contraction musculaire importante dit échanges gazeux réduits, consommation d'oxygène augmentée, longueur de foulée réduite… autant de facteurs expliquant sa contre-performance. Le fait de porter son attention quotidiennement sur son niveau de tension musculaire lui a permis de devenir un expert en la matière. Assurément, vous ne préparez pas un concours d'entrée au sein des pompiers professionnels, cependant, avoir conscience de votre tension musculaire dans votre vie quotidienne – professionnelle comme personnelle – vous apportera un mieux-être, une mise à distance de Fernand et une plus grande efficience dans votre adaptabilité.

Mon patron m'enquiquine ? Je relâche les épaules. Je renverse mon verre de vin rouge sur un tapis blanc ? Je détends ma mâchoire… Poursuivez la liste à votre guise !

Vous pouvez, jour après jour, détendre davantage votre tonus musculaire, réduire votre tension psychique. Au-delà de vous faire du bien, vous en ferez autour de vous. Car vous êtes observé ; vos proches, vos collègues apprennent aussi à vos côtés. En effet, notre cerveau est social, et en maîtrisant votre tonus musculaire, vous aiderez les autres autour de vous à faire de même. « *Sitôt que nous entrons en relation avec quelqu'un, des millions de neurones cherchent, littéralement, à se connecter à ceux de l'autre. Du coup, notre cerveau n'est pas le même selon que nous trouvons notre interlocuteur plus ou moins sympathique, intéressant, drôle, unique, excitant, stupide, suspect, mou, rigide, dangereux, etc.*[1] »

Testons les outils !

Outil – La méthode Jacobson

Le principe général est le suivant : vous allez jouer à créer des tensions volontaires dans différentes parties de votre corps, en prendre conscience, puis détendre au maximum ces zones en en prenant également conscience. En mémorisant au maximum ce relâchement dans votre corps et dans votre esprit, vous créerez un ancrage, ça vous parle ?

C'est à vous !

Première étape : induction (introduction) au calme

Allongez-vous confortablement, les bras le long du corps, les jambes parallèles. Pendant quelques inspirations, passez en contrôle respiratoire : centrez-vous sur votre respiration, ventrale, lente et reposante. Relâchez les muscles de la mâchoire, du front, autour des yeux votre visage est totalement relâché.

Deuxième étape : relâchement musculaire (à reproduire pour chaque membre)

a) Visualisez votre bras droit. Percevez sa longueur, son poids, sa position, ses différents angles. Portez toute votre

1. Collectif, *Votre cerveau n'a pas fini de vous étonner*, Le Livre de poche, 2014, p. 69.

attention sur cette partie de votre corps. Comme pour la méthode Vittoz, amusez-vous à enquêter. Relevez un maximum d'informations. Une fois que vous avez relevé toutes les données possibles, passez à l'étape suivante.

b) Sur une grande inspiration, contractez le bras droit en serrant fort le poing ou en enfonçant la main dans le sol, par exemple. Identifiez la sensation de tension dans le bras, vos muscles sont durs. Puis, sur une expiration longue, relâchez complètement vos muscles. Prenez conscience de cette variation de tension. Comme si votre bras droit était plus lourd et complètement à plat, dégonflé. Vous pouvez encore détendre un tout petit peu un muscle de votre bras droit ? Faites-le. C'est très bien. À présent, tous les muscles de votre bras droit sont complètement relâchés, détendus.

c) Vous prenez pleinement conscience de ce relâchement musculaire. Vous le mémorisez. En l'ancrant, vous pourrez le retrouver plus facilement à l'avenir, ce soir, demain, quand vous en aurez besoin ou simplement envie. Vous pouvez visualiser mentalement (comme sur un écran devant vous) une phrase comme : « Les muscles de mon bras droit sont complètement relâchés, détendus, et j'en prends pleinement conscience. » Si vous le préférez, vous pouvez prononcer mentalement cette phrase, l'entendre et l'ancrer.

Si vous le désirez, répétez les points **a)**, **b)** et **c)** pour le bras droit, puis reprenez les étapes pour le bras gauche, pour la jambe droite et enfin la jambe gauche. Les plus téméraires peuvent aussi tenter l'exercice avec les muscles du tronc (pectoraux, abdominaux, lombaires) !

Troisième étape : mémorisation du relâchement musculaire

À présent, les muscles de vos membres et de votre visage sont relâchés. Votre respiration est toujours ventrale, lente et reposante. Vous mémorisez de nouveau cet état complet de relâchement musculaire. Vous l'ancrez dans votre corps et votre esprit. Vous le conscientisez. Tous vos muscles sont détendus et cela vous procure également une détente psychique très agréable que vous conscientisez également. Ainsi, vous l'avez compris, vous pourrez retrouver cet état quand vous en aurez l'utilité ou simplement le souhait.

Quatrième étape : reprise tonique

À votre rythme, revenez à « ici et maintenant ». Dynamisez votre respiration par quelques inspirations profondes et expirations toniques. Bougez lentement les doigts, les orteils, les poignets et les chevilles. Si vous le souhaitez, bâillez, étirez-vous, ouvrez les yeux. Bref, revenez tranquillement dans votre environnement.

Bravo ! Vous venez de vivre votre première séance de la méthode Jacobson. Qu'avez-vous ressenti ? Qu'en pensez-vous ? Laissez une trace écrite de ce moment, une ancre.

....
....
....
....
....

Je vous conseille de la pratiquer plusieurs fois par semaine au début. Cela va aiguiser votre perception de vos zones de tension corporelle et de leur intensité. Ensuite, il vous sera possible de procéder au relâchement de ces zones, d'aller retrouver vos ancrages vécus pendant les relaxations sans refaire tout le protocole. Ainsi, alors que Jean-Marc vous parlera pour la 36e fois de son problème de couple dans votre *open space*, vous identifierez immédiatement le début de contraction de vos trapèzes. Vous relâcherez cette zone tout aussi rapidement et vous vous déciderez à lui prêter ce livre afin qu'il fasse une pause de 10 minutes au soleil suivie de la méthode 365. Vous vous éviterez une séance prochaine chez un ostéopathe, comblerez Jean-Marc et pourrez finir sereinement le dossier sur lequel vous étiez concentré.

Outil – Le scan corporel

Cet outil a des similitudes avec les méthodes Vittoz (voir p. 127) et Jacobson. Souvent pratiqué allongé sur le dos, rien ne vous empêche de l'intégrer à votre vie quotidienne. L'idée est de porter attention à votre corps. D'abord globalement, puis en zoomant sur certaines parties.

Je vous propose un exemple.

– Allongez-vous sur le dos sur un tapis, les bras le long du corps, les jambes décroisées. Vos yeux sont fermés ou ouverts, fixant un point devant vous.

– Prenez conscience des zones de contact entre vous et le tapis.

– Portez votre attention sur vos pieds : « Comment sont mes pieds ? Comment se sentent-ils ? »

– Votre attention se dirige à présent sur vos mollets, vos tibias, vos genoux. Procédez ainsi sur toutes les parties de votre corps.

À retenir

La tension psychique induit une tension physique, et réciproquement.

Nous sommes rarement conscients de notre niveau de tension physique.

En vous entraînant à porter de temps à autre votre attention sur votre tonus musculaire global et les zones de contractions prioritaires lors d'un stress, vous pouvez induire une détente musculaire et psychique.

“ Les contrariétés amènent de la tension.

Le scan corporel m'aide à y faire attention.

Je relâche mes muscles tel un sage,

La crispation n'était que de passage. ”

CLÉ 8

VOUS PRENDREZ BIEN UNE DOSE DE STRESS !?

« *Sé grenn diri ki ka fè sak diri*[1] ! »
Proverbe antillais

☺ : Vous savez que prendre des rendez-vous avec votre stress est bénéfique.

☹ : Vous fuyez votre stress et ainsi lui donnez encore plus de pouvoir quand vous le rencontrez. C'est dommage !

> 9 décembre 2018
>
> Ça y est ! J'y suis ! On vient d'appeler mon nom. Je monte sur scène, 350 paires d'yeux d'entrepreneurs me scrutent : « C'est lui, le préparateur mental ? » s'interrogent-ils.
>
> Pff, c'est pas humain de se faire ça un dimanche en plus ! À la base, j'avais très envie de venir. Je le voyais comme l'occasion de rencontrer du monde, de présenter

1. « Ce sont les grains de riz qui font les sacs de riz. »

ce qu'est la préparation mentale et, qui sait, peut-être d'y trouver de futurs clients. Cela fait quelques mois que je ne vis que de cette activité et Fernand me le rappelle de temps en temps. Là, tout de suite, j'avoue que mon ROC a quelque peu évolué. « Qu'est-ce que je fais là ? J'aurais mieux fait de rester à Angers et de profiter de la dernière édition du trail nocturne d'Écuillé[2] hier soir. Ensuite on aurait fait une raclette à la maison avec les copains, comme d'hab. »

Qu'est-ce que je fais là, justement ? Je participe, en tant que speaker, à un séminaire de deux jours sur l'entrepreneuriat où 350 entrepreneurs assistent à une quinzaine de conférences plus ou moins inspirantes ou « pratico-pratiques ». Là, dimanche, en fin de matinée, c'est à mon tour. En tant qu'expert de la préparation mentale, je dois préciser l'importance du mental dans le développement de l'entreprise. Dans ce type d'événement, il y a souvent du *storytelling*. Dans les grandes lignes, mes 5 minutes d'introduction ressemblent à une confession plus ou moins gênante et à peine romancée sur les propos que me tient Fernand depuis 24 heures.

Je vous en donne un aperçu : Après m'être poliment enquis de leur état de forme, j'enchaîne immédiatement sur le mien. Il n'était pas au top et, d'une certaine façon, c'était leur faute. En effet, la veille, à la fin de la journée, l'organisateur avait scandé, tel un chanteur devant ses fans : « Est-ce que ça vous a plu ? » Tout le monde avait répondu, tels des fans devant leur chanteur : « Ouuuiiii !! » Le chanteur avait conclu en disant : « Demain, on fera deux fois miieeuuuxx !! » Personnellement, je trouvais cet objectif

2. Dernière pour moi puisqu'il est déjà acté que nous allons déménager à 700 kilomètres dans quelques mois.

beaucoup trop ambitieux et, d'ailleurs, je ne m'étais pas associé à l'enthousiasme sonore des participants. En bon ami, toujours optimiste, Fernand s'était empressé de me chuchoter : *« On n'est pas dans la m... ! Enfin, tu n'es pas dans la m... ! Moi je t'avais dit de ne pas venir ! »*

J'explique alors à l'auditoire la soirée métissée que j'ai passée. Mélange de répétitions de mon propos du jour et de réflexions sur comment m'échapper de cette situation stressante. Finalement, l'« eurêka » se fit entendre vers 3 heures du matin. Il suffisait que j'explique à l'organisateur que mon dernier enfant avait été subitement malade, dans la nuit, et qu'il m'était inconcevable de ne pas être aux côtés de mon petit homme dans ce moment difficile. Il comprendrait. Tout le monde comprendrait. Ah ! Ça allait déjà mieux. Cette solution plaisait grandement à Fernand qui déjà ne me cassait plus les pieds. Je préparai mes bagages, rejoignis discrètement la réception pour laisser les clés sur le comptoir, et me dirigeai vers mon véhicule sur le parking, prêt à rentrer chez moi, soulagé.

Il faut savoir que le samedi, veille de mon passage donc, un autre speaker, connu, lui, intervenait également sur l'état d'esprit de l'entrepreneur. Il avait expliqué que chaque fois que l'on hésitait à agir, il suffisait d'imaginer qu'un tueur à gages venant de l'Est nous menaçait de son revolver appuyé à l'arrière du crâne. Je ne sais pas pourquoi il venait de l'Est, c'était un ROC comme un autre, le sien, mais je n'étais pas fan de l'image. Ce n'est pas de cette manière que je souhaitais me motiver pour agir... bref, je reviens à mon histoire[3].

3. J'ai l'impression de raconter une anecdote à des amis. J'espère que je ne vous perds pas !

> Donc, je m'installe dans mon véhicule, soulagé, apaisé, heureux d'avoir fui une difficulté. Et si c'était ça, la solution ? Fuir quand c'est dur ! Là, assis dans ma voiture, je fais mes contrôles rétroviseur avant de démarrer et je demande à la salle :
>
> « Vous savez ce que je vois dans le rétroviseur central ? demandais-je au public.
>
> – Nooon !
>
> – Mon tueur à gages ! [Rires.]
>
> Il me dit gentiment :
>
> – "Pas démarrer voiture. Toi conférence !" [Rires]
>
> – Donc, je suis là ! »
>
> Je n'aime pas l'image comme je le disais mais je trouvais intéressant de l'utiliser quelques heures après l'autre speaker. Je savais qu'elle « parlait » aux personnes présentes.

Pour la première et seule fois de ma vie j'ai été applaudi lors de l'introduction de ma conférence. Absolument pas pour de quelconques qualités d'orateur, mais pour le fond de mon propos. L'expression romancée de mon stress et des stratégies imaginées pour fuir résonnait chez toutes les personnes de la salle. Toutes ont pu se reconnaître dans cette introduction. Je doute que nous possédions tous un tueur à gages ou en souhaitions un. En revanche, je suis certain que nous avons tous un Fernand, qui nous veut du bien à sa façon, qui nous chuchote de fuir devant la difficulté quand bien même cette dernière serait totalement subjective. Fernand souhaite notre confort, c'est indéniable. Nous pouvons tout de même nous demander s'il nous aide vraiment ?

Plusieurs exemples me viennent à l'esprit. Il y a quelque temps, j'accompagnais une vingtaine d'entrepreneurs lors d'un séminaire de deux jours. La plupart étaient des solopreneurs participant à un programme d'accompagnement de deux ans. À la fin de la première journée, il leur a été annoncé qu'ils allaient devoir « pitcher[4] » leur activité le lendemain, lors d'un concours devant les autres membres. Sur le moment, toutes les personnes présentes, y compris en riant jaune, ont exprimé leur « mécontentement » devant cette activité. Pourquoi ? Les raisons sont multiples, ils vont devoir :

– parler en public : Fernand sait que l'on va être observé, jugé, il n'aime pas ça ;

– parler de leur entreprise et se vendre : *idem*. L'entrepreneur a créé son entreprise, ses offres, il se met à nu. Pour beaucoup, se voir refuser ses produits, c'est être personnellement éconduit. Certains m'ont dit ressentir de la frustration, voire de la colère, dans ces moments-là. Ils fuient par conséquent peu à peu ces situations. J'ai eu plusieurs fois le retour d'entrepreneurs me disant : « Je ne suis pas à l'aise pour pitcher mon entreprise. Je peux en revanche très facilement conseiller ou vendre les produits des autres. » L'enjeu n'est alors plus le même. Fernand se détend et nous sommes plus performants.

– Être évalués. Même dans le cadre d'un « concours » assez anecdotique, Fernand peut y voir une menace pour notre ego. Il viendra donc nous chuchoter à l'oreille.

4. Un pitch est une présentation condensée de son activité en vue de convaincre son interlocuteur.

Autres exemples : avant une course de trail, un Ironman ou autre, j'ai déjà vu des gens ressentir un stress important. Certains sont incapables de trouver le sommeil ou de manger quoi que ce soit. D'autres sont capables de manger mais ne le gardent pas longtemps… Bref, il ne s'agit pas de moments agréables, et pourtant…

LA JOIE ARRIVE JUSTE APRÈS…

En fait, ces éléments inquiètent Fernand : que ce soit dans le cadre d'un pitch ou d'une conférence devant des entrepreneurs, une course importante à nos yeux… Pourquoi s'infliger cela ?

Nous l'avons vu au début de ce livre, le problème n'est pas le stress lui-même mais le **stress continu**. Il est salutaire de prendre des rendez-vous ponctuels avec nos contextes stressants. Rappelez-vous, l'une des conditions pour être stressé est d'être dans une situation à enjeu dont le dénouement compte pour nous. Il nous importe. Nous désirons une *happy end*. Si je m'étais retrouvé devant 350 entrepreneurs à parler d'un sujet sans aucune importance pour moi, et donc sans enjeu, je n'aurais pas du tout eu le même ressenti. De ce point de vue, je trouve sain et excitant d'être stressé. Cela signifie que nous désirons, nous cheminons vers « quelque chose » qui nous fait envie. Nous sommes en vie ! Nous nous engageons dans une direction qui nous importe. C'est cool, non ? Vous souvenez-vous des ingrédients du smoothie des champions (sinon, rendez-vous p. 21) ? La première est d'avoir un grand rêve. Cela donne beaucoup de force au quotidien pour agir. Cependant, parfois, lorsque l'on a le sentiment profond que la prochaine étape nous permet de nous en rapprocher, cela peut faire peur, nous impressionner. Pourtant, le jeu en vaut la chandelle et vous le savez. D'ailleurs, c'est pour ça que Fernand a pointé le bout de son nez.

Comment se sentent des coureuses et des coureurs après avoir franchi la ligne d'arrivée du marathon de Paris, ou d'un grand trail ? Comment se sentaient les entrepreneurs du mentorat après leur pitch ? Qu'ai-je ressenti après la conférence ? De la **joie** ! Du soulagement certes, et de la joie bien entendu ! Et cela impacte notre confiance et notre estime.

– Cela influence notre confiance car nous avons l'esprit plus clair sur nos capacités. Quand bien même tout ne se serait pas passé comme prévu, nous avons des informations précieuses qui nous seront utiles dans la mise en place de prochains objectifs de processus et de performance.

– Cela a un effet sur notre estime de soi, car nous pouvons nous attribuer davantage de valeur après avoir traversé ce moment : OK, tout ne s'est pas passé comme nous le souhaitions, mais nous cheminons.

Bref, en vivant des situations jugées stressantes, il arrive souvent que l'on se fasse du bien. On a traversé l'épreuve, on est passé sur l'autre côté de la rive. Je repense ici à ce footballeur qui m'expliquait qu'à l'approche des matchs, chaque fin de semaine, son stress montait. Cela se manifestait par une omniprésence de Fernand et une incapacité à se projeter sur l'après-match. Par exemple, s'il savait qu'après la compétition, il allait partager un bon repas avec des amis chez lui, il était à ce moment-là absolument incapable de s'en enthousiasmer. Comme si ce moment n'allait jamais arriver. Est-ce que cela vous arrive aussi parfois ? Si oui, vous avez à présent quelques clés à utiliser.

Dans cette huitième clé, nous conscientisons que le fait de vivre une situation stressante signifie bien souvent que nous cheminons dans une **direction qui nous importe**. Et que cela nous fait du bien, nous met en joie. Très régulièrement, vous le savez, je prends des douches froides et me baigne dans des eaux fraîches, voire dans des lacs gelés. Je ne fais jamais le malin avant. J'ai parfois de l'appréhension. Même si j'ai pleinement conscience des bienfaits physiologiques, mentaux et émotionnels de cette pratique, je sais également que ce moment peut être difficile. Mais je ressens toujours la même joie après, le même sentiment d'accomplissement. « Il en faut peu pour être heureux. » Contredire Fernand en fait partie. Je l'expérimente régulièrement avec les entrepreneurs lorsque je leur propose de découvrir le bain froid. Nous en avons eu un exemple avec Mohamed Boclet. Rares sont ceux qui n'appréhendent pas ce moment. Leur ROC n'est pas optimal au début. Nous avons souvent une représentation négative du froid : hostilité, source de maladie, dangerosité. Forcément, vous le savez à présent, nos objectifs et nos comportements vont s'adapter à cette représentation. Par exemple, certains vont m'appeler quelques jours avant afin d'essayer d'avoir un maximum de détails ou de me prévenir que pour eux « ce ne sera vraiment pas possible parce que tu comprends… ». L'appréhension se voit dans leur comportement le jour J. Ils abordent ce moment avec sérieux, gravité. Nombreuses sont les personnes qui vont à ce moment-là se mettre dans leur bulle en se coupant des autres. Je ne peux que les comprendre. En revanche, une fois l'expérience vécue, que de sourires ! Que de partages ! Quelle cohésion au sein du groupe ! Des personnes qui ne se connaissaient pas quelques heures auparavant ont créé des liens forts en partageant cette expérience stressante. Prendre rendez-vous avec des situations stressantes que l'on a choisies développe notre confiance et notre estime. Certes, ces entrepreneurs n'avaient pas choisi explicitement l'atelier de bain froid, cependant ils étaient tout à fait volontaires pour s'inscrire à ces deux jours de séminaire sur les croyances limitantes. Ils étaient d'accord pour travailler sur eux, se remettre en question. Cela demande de l'humilité et du courage. On ressort de ces moments avec davantage de confiance et d'estime. C'est exactement ce que j'ai ressenti il y a quelques jours. Je le partage avec en toute sincérité.

> Vendredi 8 avril, Rémi Dumont, journaliste à RMC, que je connais depuis plus d'un an me contacte.
>
> « Salut, Raphaël, tu serais disponible pour une intervention en plateau télé mardi prochain ? On souhaite aborder l'impact du mental sur la performance dans le foot avant le match Madrid-Chelsea. Nous aurons des consultants en plateau. »
>
> Bien sûr, c'est une chouette occasion de parler de préparation mentale dans un contexte privilégié. Ma première envie est de dire tout de suite « oui » et Fernand arrive au galop :
>
> *« Tu ne vas pas y aller ! Tu es déjà tellement pris ces temps-ci entre le livre, le mentorat, les coachings et le*

diplôme universitaire. Tu ne vas quand même pas t'ajouter un déplacement à Paris ? En plus, Rémi a précisé qu'il était possible de faire ton intervention en visio en restant tranquillement à la maison !

– Oui, mais c'est une superbe occasion de rencontrer des personnes et de voir un vrai plateau télé avec des consultants de renom lors d'un soir de match de Ligue des champions !

– Mais justement, t'imagines si tu te rates en plein direct ? C'est beaucoup plus rassurant de rester tranquillement à la maison. Tu connais l'environnement, il y aura moins d'inconnues si cela se passe mal, tu débranches illico le PC ! Et puis, reconnais-le, tu es déjà dans une période stressante ! »

Voici dans les grandes lignes l'échange que j'ai eu avec Fernand. Et je dois reconnaître qu'il avait en partie raison. Je suis actuellement dans une période stressante. J'écris ce livre en plus de mes activités habituelles et non à la place d'une d'entre elles. Je peux alors ressentir un paradoxe, interroger ma légitimité. J'ai beaucoup apprécié, il y a quelques années, l'humilité du docteur David O'Hare, spécialiste de la cohérence cardiaque, qui expliquait lors de sa formation qu'il avait pris du poids pendant qu'il écrivait un livre sur la gestion du poids *via* la cohérence cardiaque. Il est intrigant, de mon point de vue, de ressentir du stress au moment où j'écris un livre sur sa gestion. Je le constate, j'en souris (léger lifting + Botox) et je me sens déjà mieux. Il était de mon devoir d'aller sur ce plateau et de vivre pleinement ce que je devais ressentir… et de le partager ! Je ne voulais pas donner raison à Fernand et sa démesure. Il imagine des scénarios catastrophes bien souvent improbables. Certes, j'ai ressenti sur place de l'inconfort. J'ouvrais grands les yeux et les oreilles pour bien intégrer les informations transmises une trentaine de minutes avant le direct. J'avais préparé quelques notions et phrases qu'il me serait possible d'utiliser. Cela s'est très bien passé dans l'ensemble. J'ai appris et échangé. Je suis allé au bout de ma démarche. En acceptant un inconfort tout à fait maîtrisable, j'ai augmenté tranquillement ma zone de confort, senti croître légèrement mon sentiment de compétence et mon estime. Je crois sincèrement que l'inconfort est notre allié. Il nous permet de grandir, cheminer, mieux nous connaître. Je ne suis en revanche pas de ceux qui prétendent qu'il faudrait toujours sortir de leur zone de confort pour « performer ». On peut faire de très belles choses en étant dans le confort et la maîtrise. Gardons à l'esprit qu'un stress maîtrisé et recherché nous permet de passer sur l'autre rive ! Embarquez !

Outil – L'autre rive

J'ai créé cet outil pour une personne qui se trouvait dans une situation stressante. Fernand lui faisait un tel monologue depuis plusieurs jours que cela la handicapait et lui donnait de plus en plus envie de ne pas aller au bout de sa démarche. Certes, je vous entends me dire que j'aurais pu travailler ses ressources ou reposer la question de l'enjeu comme nous l'avons vu dans la clé 1 : « Est-ce si important ? » et vous avez raison. Cependant, là, auprès de cette personne naturellement anxieuse, j'ai préféré que nous embrassions son stress. Nous avons revisité les moments où, par le passé, elle avait rejoint l'autre rive est ce que cela lui avait apporté. Je vous propose dans ce tableau plusieurs exemples pris chez différentes personnes.

L'autre rive

Rive 1	Ce que j'ai découvert sur l'autre rive
Je stresse de parler devant un grand nombre de personnes.	• Je peux être drôle et intéressant même si je ne suis pas à l'aise au début. • Je suis de plus en plus à l'aise au fil du temps.
J'appréhende de changer de métier.	• Je peux développer de nouvelles compétences. • Même si ce n'est pas toujours facile, je suis plus épanouie. • J'agrandis ma zone de confort.
J'ai peur de rester 2 minutes dans une eau à quelques degrés.	• Mon corps a des ressources et en développe de nouvelles.
J'avais très envie et très peur de me mettre à mon compte.	• Mes proches sont fiers de moi. • J'ai découvert un réseau d'entraide.
J'appréhende d'être authentique.	• J'ai encore tellement appris sur moi. • Je me libère du regard des autres. • Mes relations amicales sont plus fortes.

Chaque épreuve stressante que l'on traverse nous apprend quelque chose sur nous et les autres, et nous apporte un sentiment d'accomplissement, au moins de cheminement, d'évolution. Qu'aurais-je appris si, au lieu de parler devant ces 350 entrepreneurs, j'avais pris la décision de partir immédiatement ? Comment me serais-je senti dans ma voiture sur le trajet retour ? Et vous, qu'avez-vous appris en passant sur l'autre rive ?

À vous de compléter votre tableau. Prenez le temps de vous poser un instant pour répondre à la question : « Qu'ai-je appris et découvert au travers des situations les plus stressantes que j'ai connues ? » Vous vous donnerez la chance de conscientiser à quel point ces moments peuvent être porteurs de progrès, d'évolution, d'estime et de confiance.

L'autre rive

Rive 1	Ce que j'ai découvert sur l'autre rive

… LES PROGRÈS AUSSI

En effet, prendre des rendez-vous clairement définis avec des situations stressantes et votre ami intime, c'est aussi l'occasion de progresser. Imaginons : vous décidez de vous remettre au sport ou de changer votre façon d'en faire. Peut-être vous êtes-vous inscrit à des cours collectifs ou avez-vous décidé pour quelques mois de suivre des séances régulières avec un coach sportif. Il est alors fort probable qu'à l'issue des premières séances votre corps soit courbaturé. Vous marchez avec la grâce de Robocop. Qu'avez-vous fait ? Vous avez stressé votre organisme. Dans ce cas précis, votre organisme a subi un stress physiologique qui lui permettra, en respectant un repos optimal, de développer de nouvelles ressources. D'une manière générale, les sportifs de haut niveau sont régulièrement soumis à des stress physiologiques, environnementaux, cognitifs, leur permettant de créer de nouvelles capacités d'adaptation. En gérant le niveau de stress subi, ils augmentent leur capacité d'action, leur pouvoir.

Je repense ici à un ancien voisin angevin, à qui, il y a plusieurs années, dans un moment difficile de sa vie, j'ai proposé de venir courir avec moi. Nous sommes allés dans un parc municipal, avons fait quelques tours et des exercices de renforcement musculaire. Au bout de quelques minutes, il ne s'est pas senti bien. J'ai dû aller voir le gardien du parc et lui demander s'il avait un peu de sucre à me donner. Nous sommes ensuite rentrés en marchant tranquillement. Je m'en voulais et me disais que j'avais mal dosé la séance que je lui avais proposée. Cependant, quelque temps après, nous y sommes retournés. Il a fait plus… J'ai appris qu'il y a quelques mois, il a terminé la Maxi Race en pleine forme. Il s'agit d'une course de trail longue de 88 kilomètres avec 5 100 mètres de dénivelé positif autour du lac d'Annecy ! Imaginez : il est à présent capable de faire 20 fois plus de distance et 100 fois plus de dénivelé que je ne lui en proposais à l'époque, et ce, en finissant en meilleure forme ! La pratique régulière de la course à pied a stressé son organisme et lui a permis de développer de nouvelles ressources. Découvrez comment Nicolas lui-même a vécu ces moments.

Courir pour sublimer mon stress – Nicolas Vaudron

Dimanche 28 août 2016, Angers

L'été a été beau, la soirée s'annonce agréable mais je ne suis désormais plus capable d'apprécier cette douceur angevine pourtant si souvent invoquée dans la région. Ma famille est en danger. Cela m'empêche d'être en harmonie avec le monde extérieur, et ce depuis quelques semaines déjà… Il faut pourtant continuer d'avancer, ne pas cesser d'agir au quotidien et ne pas avoir honte d'évoquer la situation. C'est peut-être par l'échange que le nuage commencera à se dissiper.

Ce soir d'août, alors que je croise mon voisin de l'époque, nous échangeons sur nos vacances. Lorsque vient mon tour, je ne peux cacher ce qui vient de se passer. Je ne peux dissimuler mon stress grandissant à propos de ce que vit mon épouse et je veux dire à Raphaël combien la situation m'inquiète, notamment pour mes enfants âgés de 3 et 6 ans. Je suis perdu mais il me comprend. Raphaël sent tout de suite qu'il me faut retrouver la force nécessaire qui me permettra ensuite de pallier l'absence de la mère de mes enfants. Il semble instinctivement vouloir canaliser ce stress qui me paralyse alors. Il me propose donc de nous retrouver le lendemain matin pour une séance de course à pied sur le stade local. Après un premier refus de ma part et alors que l'homme insiste, je m'entends accepter ce que mon cerveau refusait pourtant toujours de considérer ! J'allais bel et bien honorer ce rendez-vous sportif impromptu qui s'apparentait à une opération kamikaze, tellement mon expérience en la matière était faible et ancienne… Qui sait ce qui pouvait arriver ?

Lundi 29 août 2016, Angers

Davantage mû par la politesse et le devoir que par l'envie et le goût du dépassement de soi, je me rends donc au stade vêtu de la panoplie complète du parfait runner achetée une heure avant au Décathlon du coin. Stressé de devoir me dévoiler sportivement devant mon professeur d'EPS de voisin, je le suis néanmoins à petites foulées. La séance va pourtant tourner court et Raphaël a vite besoin de me faire reprendre des forces à grand renfort de pierres de sucre ! Je suis novice et il ignore à quel point. Une fois totalement revenu à moi, il me met au défi de renouveler l'expérience la semaine suivante. C'est à ce moment précis que je sens que quelque chose vient de se passer. Malgré le stress provoqué par cette première séance difficile, je commence à comprendre que le sport peut m'offrir beaucoup plus que cette hypoglycémie passagère Je lui dis alors que je vais essayer de courir à nouveau mais seul, cette fois-ci. J'ai envie de me confronter à cette séance d'endurance de façon moins formelle ; seul face à moi-même.

2017, Angers

J'y suis donc retourné. Je cours seul autour de l'étang Saint-Nicolas pendant 6 mois à raison d'une fois par semaine. Je sens bien dès lors que la course à pied m'aide. L'activité physique ne me donne pas les clés pour guérir mon épouse de sa profonde dépression mais le trail running m'offre déjà beaucoup ! Plus les mois passent, plus je me sens en capacité de gérer mon stress, ce qui me permet ensuite de mieux réagir face aux aléas liés à la maladie de mon épouse. C'est inestimable.

Jusqu'à aujourd'hui

Au-delà de mon cercle familial, la course à pied s'est vite révélée être une aide précieuse, notamment dans le milieu professionnel. J'enseigne l'anglais au lycée et les situations stressantes ne manquent pas. Qu'il s'agisse de moments de classe compliqués ou de psychodrames surjoués par certains collègues en salle des professeurs, l'envie de prendre la tangente, d'aller courir pour évacuer s'est progressivement imposée à moi. J'ai rapidement compris à quel point l'endurance physique vient éroder un bloc de stress que j'avais d'abord pensé infrangible. J'ai donc pris l'habitude heureuse de m'échapper du lycée dès que je le peux afin d'aller assouvir une passion solitaire qui consiste à aller se laver du mauvais stress causé par la vie quotidienne. Au fur et à mesure que les kilomètres défilent, les différentes couches de stress accumulées tout au long de la journée se décollent une à une pour me permettre de retrouver un corps nettoyé, renouvelé et défatigué en fin de séance.

Courir permet donc d'évacuer une bonne dose de stress mais cela ne veut pas dire que je suis devenu insensible à ce dernier…

Heureux de constater les bienfaits de la course à pied sur ma nouvelle vie, j'ai voulu poursuivre l'expérience et j'ai décidé de m'inscrire à mes premières courses de trail. La boucle allait peut-être être bouclée : je sentais que porter un dossard allait recréer ce stress du début, et désormais Raphaël ne serait pas là pour m'épauler… Soit ! Je m'en sentais capable. Je visualisais la course à venir et me voyais en capacité de maîtriser ce stress de la ligne de départ. Et j'avais raison ! À chaque dossard, le stress se montre ; on s'observe puis je l'apprivoise. À chaque nouveau palier, à chaque distance supplémentaire et chaque fois que le dénivelé s'annonce plus grand que la fois précédente, je suis en proie au stress, mais de façon maîtrisée. Il semble bien que ma chance réside dans le fait d'être régulièrement exposé à un stress résiduel ; un stress de « loisir » monté de toutes pièces pour la course à venir. Ainsi, je pense que ce stress que j'ai moi-même décidé de m'appliquer le jour de la course me permet de mieux maîtriser celui que je suis amené à rencontrer au quotidien. En décidant du moment et du lieu de mon stress, j'en désactive la part d'inconnu et j'apprends à l'apprivoiser.

L'intérêt d'être régulièrement confronté à son stress est, je crois, de s'en faire un allié précieux. Il me permet de me mettre en tension, d'atteindre un état de forme. J'ai souvent le sentiment que mon stress, quand il est maîtrisé, s'apparente à du renforcement psychique et est alors très proche des bienfaits que nous procure le renforcement physique. En ce qui me concerne, le stress que je connais et que je maîtrise me renforce et me permet de mieux répondre aux difficultés du quotidien sur un plan global, général.

QUEL CHEMIN PARCOURU !

Là encore, vous ne serez pas surpris si je vous dis qu'il est important de conscientiser ses progrès passés et futurs. Souvent durs avec nous-mêmes et à l'écoute de Fernand, nous en oublions parfois le chemin accompli, y compris grâce aux situations stressantes. Vous vous souvenez, Fernand ne nous aide pas à nuancer notre analyse. Nous y allons souvent avec des « je n'y arrive pas », « je n'y arriverai jamais », « ça n'avance pas », « bla bla bla »... vous voyez l'idée ? La tête dans le guidon, nous ne voyons pas tout le chemin parcouru ni que notre vélo est de meilleure qualité qu'il y a quelques mois et nos jambes plus robustes. Il est alors pertinent de se souvenir des paysages traversés et de mettre en lumière ceux qui restent à découvrir, l'amélioration de notre vélo et de nos muscles. Ainsi, on prend de la hauteur. Au lieu d'être collés à la route sur notre bicyclette, nous sommes confortablement installés dans la sellette de notre parapente. Bercés par les alizés, nous voyons aisément le chemin parcouru. Nous percevons clairement où nous en sommes comme le trajet qu'il nous reste à accomplir pour arriver à la destination voulue. Nous avions une vision macro de l'ensemble, et, grâce à nos jumelles, pouvons zoomer sur les éléments pertinents, beaux. Vous me suivez toujours ? Installez-vous dans votre parapente, tenez les suspentes dans vos mains près de vos épaules, commencez à courir, encore un peu... le sol se dérobe, vous prenez de la hauteur... profitez !

Outil – La prise de hauteur

Prenez par exemple un élément de votre vie actuelle qui vous challenge et pour lequel vos objectifs ne sont pas atteints : professionnel, personnel, sportif, tout est possible. Identifiez à présent les ingrédients que vous devez mettre dans votre smoothie pour vous rapprocher au mieux de votre objectif. Je vous en propose quelques-uns :

– niveau de formation : connaissance du sujet, lectures (il ne s'agit pas forcément de diplômes, même si cela peut être inclus) ;

– habiletés mentales : confiance, fixation d'objectifs, concentration… ;

– mode relationnel : vos interactions avec d'autres acteurs, partenaires. Développez-vous votre réseau ? Demandez-vous de l'aide ou au moins des conseils ? Faites-vous des *feedbacks* positifs ?

– maîtrise technique…

Une fois les ingrédients définis, choisissez une temporalité vous permettant d'évaluer, à intervalles réguliers, votre évolution. Par exemple : il y a deux ans, aujourd'hui, dans deux ans. Où en étiez-vous, il y a deux ans sur tous les ingrédients évoqués ? Où en êtes-vous aujourd'hui ? Où en serez-vous dans deux ans ? Quelle était votre plus grande satisfaction en lien avec cet objectif, il y a deux ans ? Aujourd'hui ? Quelle sera-t-elle dans deux ans ? Vous pouvez vous inspirer – ou pas – du tableau ci-dessous.

Il y a deux ans, quelle était ma plus grande satisfaction avec cet objectif ?		
Il y a deux ans	Note sur 10	Mon appréciation
Mon niveau de formation		
Mes habiletés mentales		
Mon mode relationnel		
Ma maîtrise technique		

Comme vous le voyez, du haut de votre parapente, vous pouvez prendre du recul, analyser, prévoir ! Cela devient un outil parfaitement complémentaire de votre fixation d'objectifs (voir clé 3, p. 85).

Aujourd'hui, quelle est ma plus grande satisfaction avec cet objectif ?		
Aujourd'hui	Note sur 10	Mon appréciation

Dans deux ans, quelle sera ma plus grande satisfaction avec cet objectif ?		
Dans deux ans	Note sur 10	Mon appréciation

Nous l'avons vu, expliciter ce que nous avons appris sur l'autre rive et conscientiser le chemin que nous avons parcouru et celui qui nous reste à faire apporte joie et progrès. Je voudrais partager ici un dernier outil. Les propos de Nicolas l'induisent, pourtant il me semble pertinent de vous le présenter spécifiquement.

Mais avant, laissez-moi vous raconter une histoire qui m'est arrivée récemment.

> Vous le savez, je pratique les bains froids depuis plusieurs années. En revanche, j'ai découvert la nage en eau froide seulement lors du dernier hiver. Dès que j'ai eu connaissance de cette discipline, j'ai été enthousiaste à l'idée d'essayer. Dans un premier temps, je me suis documenté sur Internet, découvrant les compétitions, les distances Très vite, j'ai estimé avoir assez d'informations pour rejoindre l'association la plus proche de chez moi proposant cette activité. Je me souviens très bien m'être dit alors : « Je pense pouvoir nager 200 mètres dans l'eau froide. » J'avais déjà l'habitude de rester de longues minutes assis dans une rivière en plein hiver, je savais nager, cette distance ne me semblait pas inaccessible Roulement de tambour... quelle fut ma distance lors de cette séance de découverte ? 30 mètres environ ! J'avais oublié un paramètre, et non des moindres : je n'avais absolument pas l'habitude de mettre la tête dans l'eau ! Or, mon ambition était de nager le crawl, pas la brasse « grand-mère » ! J'ai alors utilisé l'outil que je vais vous présenter. Trois mois plus tard, dans une eau à des températures similaires, j'arrivais à nager environ 500 mètres en crawl.

Outil – L'inoculation du stress

Mettre le corps dans l'eau froide pendant plusieurs minutes est forcément une source de stress. Solliciter notre organisme par la course à pied, comme le font Nicolas et de nombreuses autres personnes peut également être stressant pour notre corps. Parler en public, gérer des situations à enjeux personnels ou professionnels aussi. Parfois, la rareté de l'exposition à telle ou telle situation contribue à sa perception stressante et à l'arrivée de Fernand.

C'est tout l'intérêt de cet outil. Plutôt que de fuir la situation stressante, d'essayer de l'enfermer dans le grenier ou dans la cave, on la rencontre régulièrement. La situation stressante fait ainsi peu à peu partie de notre quotidien, elle n'est jamais très loin. Ainsi, on apprend à mieux la connaître, mieux la comprendre. Dans le même temps, la magie opère, nous nous connaissons et nous comprenons mieux également. Nous avons une vision plus claire du contexte et de nos ressources. Et, progressivement, ce qui était très stressant deux mois auparavant ne l'est plus qu'un peu aujourd'hui et nous pressentons déjà qu'il le sera encore moins demain. Nous nous transformons, nous développons de **nouvelles réponses mentales, émotionnelles et comportementales**. Nous ressentons alors de la gratitude pour ces situations qui contribuent à l'émergence de nos potentialités.

Parler en public crée un stress important en vous ? Inscrivez-vous au premier cours de théâtre que vous trouverez, allez à toutes les réunions publiques de votre ville et prenez-y la parole[5] !

---

5. C'est le problème, parfois je m'emballe.

Vous perdez vos moyens en compétition ? Inscrivez-vous à davantage d'épreuves. Faites que cela devienne, pendant un temps, votre quotidien.

L'idée est simplement d'avoir régulièrement des rendez-vous avec la situation stressante tout en gardant en tête l'importance d'une progressivité, d'un décalage optimal entre ce que vous êtes capable de faire aujourd'hui et ce que vous souhaitez réaliser *via* l'inoculation du jour.

Lorsque j'ai compris que mon niveau actuel était de faire 30 mètres de crawl dans l'eau froide, la fois suivante, j'avais juste envie de réaliser 35 mètres. Cela peut paraître peu, mais j'étais en action et l'inoculation pouvait commencer. Je savais que j'allais progresser et que, dans quelque temps, j'arriverais à faire 50 mètres, puis 100 mètres…

Prévoyez dès le départ votre fréquence d'exposition à la situation stressante. Dans le tableau qui suit, il est par exemple prévu de se retrouver trois fois par semaine dans ce contexte. Utilisez-le pour annoter de quelle manière s'est déroulé le moment et de laisser une trace des éventuels progrès.

Inoculation du stress		
Objectif final :		Date :
	Confrontations	Remarques
S1	- - -	- - -
S2	- - -	- - -
S3	- - -	- - -

Ainsi, là aussi, cet outil est tout à fait complémentaire de la clé 3 (fixation d'objectifs) et également de la clé 2 (« Éclairez vos points forts »). En effet, très vite, votre blason va évoluer. Vous aurez de nouvelles ressources et de nouveaux alliés. En vous confrontant régulièrement à la situation qui vous stresse, vous allez rencontrer d'autres personnes dans la même situation que vous ou ayant emprunté le même chemin. Quoi qu'il en soit, vous aurez de nouveaux partenaires. Nous n'avançons jamais seul.

À retenir

Vous êtes stressé par ce qui vous attire, c'est normal, vous êtes sur la bonne voie.

Après une situation stressante, vous pourrez ressentir de la joie et remarquer des progrès.

La rareté d'une situation peut induire le stress ressenti.

Prendre des rendez-vous réguliers et choisis avec le stress développe vos ressources.

Pensez à agrandir votre zone de confort, tranquillement, en trouvant des défis atteignables.

“Le jour, je le fuyais, le niais.

La nuit, vexé, il me réveillait.

Un jour, j'ai pris avec lui rendez-vous,

Depuis, il a disparu, je le cherche partout.”

Conclusion

« Tu es plus fort que tu ne le crois et, souviens-toi,
le courage n'est pas l'absence de peur. »
Docteur Dolittle

Serait-ce déjà la fin ou simplement un nouveau départ ?

Vous connaissez mieux votre Fernand à présent. Il souhaite toujours que vous restiez dans vos habitudes, votre confort. Il pense que c'est l'idéal pour vous : les routines, le train-train.

Alors que faire ?

Renoncer à découvrir le monde et rester au chaud auprès de lui ? Oublier vos rêves et mettre Radio Fernand en stéréo H24 ? Non et mille fois non !

Écoutez Fernand pour mieux le comprendre, le connaître et le rassurer. Écoutez Fernand car il a quand même parfois raison ! L'enjeu est-il vital, le risque est-il objectif ? Oui ? J'écoute Fernand ! Comme nous l'avons vu au début du livre, Fernand était très adapté à nos ancêtres. Il leur permettait de ne pas se faire dévorer, littéralement.

Je reconnais aisément ne pas m'être trouvé plus de dix fois en quarante ans dans des situations où l'enjeu vital était présent pour moi ou pour des êtres précieux à mes yeux... une naissance compliquée, un peu d'escalade à 4 ou 5 mètres en solo, un peu de nage sous glace (accompagné), des bains froids prolongés seul en pleine nature... bref, c'est tout de même très limité et même là, la plupart du temps, les situations ont été choisies ! Je ne suis pas l'aventurier du siècle ni même de la semaine. Alors que faire des milliers d'autres fois où Fernand cherche à nous parler ?

Comprenez-le, écoutez-le... sans le croire. Vous n'êtes pas obligés de prendre à bras-le-corps sa perception de l'enjeu. Après tout, même si vous vous ratez, que se passera-t-il ? Vous risquez de rougir ? De transpirer ? D'avoir 5 minutes de retard ? De manquer ce contrat ? Relativisez. Vous aurez une bonne anecdote à raconter dans quelque temps. Vous aurez la fierté romantique de dire : « J'ai donné le maximum. J'ai la satisfaction d'avoir osé, sans croire Fernand. » Mettez de la distance entre la représentation de Fernand et la vôtre. Vous avez maintenant des outils à votre disposition pour cela.

Parfois, la vie se charge de nous apprendre à relativiser en accéléré. Je repense ici à une entrepreneure me racontant que depuis qu'elle avait eu un accident de voiture, qui leur avait fait peur, à elle et son compagnon, elle avait beaucoup plus de recul sur les affaires courantes qui la stressaient par le passé. Aujourd'hui elle écoute beaucoup moins Fernand. À cause de cet événement, elle a développé de nouvelles ressources. Cela rassure son vieil ami. Vous aussi, vous avez à présent des outils permettant de mettre en lumière vos ressources, vos compétences, vos alliés. Où est votre blason ?

Quels sont vos prochains objectifs de processus vous permettant d'être une personne encore un peu plus compétente et épanouie dans quelques semaines ? Si vous ne le savez pas immédiatement, *no stress*, allez prendre l'air dans votre parapente. Prenez conscience du chemin parcouru et voyez comme la suite peut être exaltante une fois votre Fernand tranquillisé.

On me dit dans l'oreillette que Fernand poursuit son monologue ? C'est normal, c'est son rôle, sans ça, il est mort. Et vous, vous êtes vivant.

L'entendre signifie que vous êtes vivant que vous avancez, que vous relevez des défis ! C'est génial. Nombreux sont celles et ceux qui aimeraient encore l'entendre venir chuchoter que ce projet est beaucoup trop grand, risqué et ambitieux. Quelle joie de partir sur ces routes sinueuses où le risque est finalement bien subjectif, « nuançable », « relativisable » ! Vous êtes dans la bonne direction. Vous avez la capacité et la sagesse de prendre de vraies pauses, de souffler, de faire de la balançoire. Profitez-en et faites-en profiter les autres, chez vous et dans votre vie professionnelle ! Le monde sera meilleur grâce à vous.

Remerciements

Merci à toute l'équipe des éditions Leduc et à Marie Pichon en particulier. Ce livre existe grâce à vous.

Merci à Dennis Appiah et Tristan Dingomé pour votre confiance et votre contribution à ce livre. C'est un plaisir et un privilège de travailler à vos côtés. Qu'il me soit permis de remercier à travers vous tous les sportifs et les sportives qui m'ont fait confiance dans leur préparation mentale.

Merci à Élodie Sorgeloos et Nicolas Vaudron pour votre participation également.

Merci aux entrepreneurs qui me font confiance, que ce soit dans le cadre d'un suivi individuel, collectif ou de séminaires.

Merci à Nicolas Épinoux pour nos échanges toujours riches et constructifs quel que soit le sujet. Quelle chance de travailler à tes côtés ou d'admirer ta foulée.

Merci à mes enseignants et formateurs, vous m'avez fait découvrir la préparation mentale. Cela a changé ma vie.

Merci aux étudiants de l'Agrocampus-Ouest d'Angers, que j'ai côtoyés pendant mes neuf années dans cet établissement. Vous avez été mes premiers collaborateurs en préparation mentale.

Merci à Olivier Magne pour ta confiance dans ton projet de formation en préparation mentale.

Merci à tous les membres du réseau Mental 2 Pros. C'est une joie d'avancer à vos côtés.

Merci à mes parents, mes sœurs et mes proches de toujours m'encourager.

Merci à Mayeul, Adèle et Aloïs. Depuis votre naissance, j'échange plus avec Fernand et je progresse. Je vous aime.

Merci enfin à toi, Claire, pour tout.

Table des matières

FSC
www.fsc.org
MIXTE
Papier | Pour une gestion forestière responsable
FSC® C022829

Cet ouvrage est composé de matériaux issus de forêts bien gérées certifiées FSC®, de matériaux recyclés et de matériaux issus d'autres sources contrôlées.

Le Forest Stewardship Council® est une organisation internationale non gouvernementale qui encourage une gestion écologiquement adaptée, socialement bénéfique et économiquement viable des forêts de la planète. Pour en savoir plus, consultez le site www.fsc.org

Achevé d'imprimer en juillet 2022
sur les presses de la Nouvelle Imprimerie Laballery
58500 Clamecy
Dépôt légal : août 2022
N° d'impression : 206556

Imprimé en France

La Nouvelle Imprimerie Laballery est titulaire de la marque Imprim'Vert®